世界哲學家叢書

湛　然

賴　永　海　著

1993

東大圖書公司印行

國立中央圖書館出版品預行編目資料

湛然／賴永海著.--初版.--臺北市：
東大出版：三民總經銷，民81
面；　公分.--（世界哲學家叢書）
參考書目：面
含索引
ISBN 957-19-1447-9（精裝）
ISBN 957-19-1448-7（平裝）

1.(唐)湛然-學識-佛教　2.天臺宗
-傳記

226.49　　　　　　　　82000695

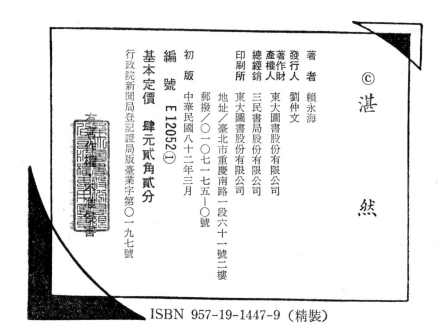

ⓒ　湛　然

著　　者　賴永海
發行人　劉仲文
產著作財權人
總經銷　三民書局股份有限公司
印刷所　東大圖書股份有限公司
　　　　　地址／臺北市重慶南路一段六十一號二樓
　　　　　郵撥／〇一〇七一七五─〇號
初　版　中華民國八十二年三月
編　號　E 12052①
基本定價　肆元貳角貳分
行政院新聞局登記證局版臺業字第〇一九七號

有著作權·不准侵害

ISBN 957-19-1447-9（精裝）

「世界哲學家叢書」總序

　　本叢書的出版計畫原先出於三民書局董事長劉振強先生多年來的構想，曾先向政通提出，並希望我們兩人共同負責主編工作。一九八四年二月底，偉勳應邀訪問香港中文大學哲學系，三月中旬順道來臺，卽與政通拜訪劉先生，在三民書局二樓辦公室商談有關叢書出版的初步計畫。我們十分贊同劉先生的構想，認爲此套叢書（預計百冊以上）如能順利完成，當是學術文化出版事業的一大創舉與突破，也就當場答應劉先生的誠懇邀請，共同擔任叢書主編。兩人私下也爲叢書的計畫討論多次，擬定了「撰稿細則」，以求各書可循的統一規格，尤其在內容上特別要求各書必須包括 (1) 原哲學思想家的生平；(2) 時代背景與社會環境；(3) 思想傳承與改造；(4) 思想特徵及其獨創性；(5) 歷史地位；(6) 對後世的影響（包括歷代對他的評價），以及 (7) 思想的現代意義。

　　作爲叢書主編，我們都了解到，以目前極有限的財源、人力與時間，要去完成多達三、四百冊的大規模而齊全的叢書，根本是不可能的事。光就人力一點來說，少數教授學者由於個人的某些困難（如筆債太多之類），不克參加；因此我們曾對較有餘力的簽約作者，暗示過繼續邀請他們多撰一兩本書的可能性。遺憾

的是，此刻在政治上整個中國仍然處於「一分爲二」的艱苦狀態，加上馬列敎條的種種限制，我們不可能邀請大陸學者參與撰寫工作。不過到目前爲止，我們已經獲得八十位以上海內外的學者精英全力支持，包括臺灣、香港、新加坡、澳洲、美國、西德與加拿大七個地區；難得的是，更包括了日本與大韓民國好多位名流學者加入叢書作者的陣容，增加不少叢書的國際光彩。韓國的國際退溪學會也在定期月刊「退溪學界消息」鄭重推薦叢書兩次，我們藉此機會表示謝意。

原則上，本叢書應該包括古今中外所有著名的哲學思想家，但是除了財源問題之外也有人才不足的實際困難。就西方哲學來說，一大半作者的專長與興趣都集中在現代哲學部門，反映著我們在近代哲學的專門人才不太充足。再就東方哲學而言，印度哲學部門很難找到適當的專家與作者；至於貫穿整個亞洲思想文化的佛敎部門，在中、韓兩國的佛敎思想家方面雖有十位左右的作者參加，日本佛敎與印度佛敎方面卻仍近乎空白。人才與作者最多的是在儒家思想家這個部門，包括中、韓、日三國的儒學發展在內，最能令人滿意。總之，我們尋找叢書作者所遭遇到的這些困難，對於我們有一學術研究的重要啟示（或不如說是警號）：我們在印度思想、日本佛敎以及西方哲學方面至今仍無高度的研究成果，我們必須早日設法彌補這些方面的人才缺失，以便提高我們的學術水平。相比之下，鄰邦日本一百多年來已造就了東西方哲學幾乎每一部門的專家學者，足資借鏡，有待我們迎頭趕上。

以儒、道、佛三家爲主的中國哲學，可以說是傳統中國思想與文化的本有根基，有待我們經過一番批判的繼承與創造的發

展，重新提高它在世界哲學應有的地位。為了解決此一時代課題，我們實有必要重新比較中國哲學與（包括西方與日、韓、印等東方國家在內的）外國哲學的優劣長短，從中設法開闢一條合乎未來中國所需求的哲學理路。我們衷心盼望，本叢書將有助於讀者對此時代課題的深切關注與反思，且有助於中外哲學之間更進一步的交流與會通。

　　最後，我們應該強調，中國目前雖仍處於「一分為二」的政治局面，但是海峽兩岸的每一知識分子都應具有「文化中國」的共識共認，為了祖國傳統思想與文化的繼往開來承擔一分責任，這也是我們主編「世界哲學家叢書」的一大旨趣。

傅偉勳　韋政通

一九八六年五月四日

自　序

黑格爾 (G. W. F. Hegel) 說：

> 某一特定的哲學，是出現於某一特定的民族裡面的。而這
> 種哲學思想或觀點所具有的特性，亦卽是那貫穿在民族精
> 神一切其它歷史方面的同一特性，這種特性與其它方面有
> 很密切的聯繫並構成它們的基礎。因此一定的哲學形態與
> 它所基以出現的一定的民族形態是同時並存的：它與這個
> 民族的法制和政體、倫理生活、社會生活、社會生活中的
> 技術、風俗習慣和物質享受是同時並存的❶。

黑格爾這段關於哲學與特定民族文化相互關係的話，同樣適用於
理解和評釋佛教哲學。

作為哲學的佛教與作為宗教的佛教一樣，兩千多年來，在各
個方面都發生了深刻的變化。而所有這些變化——如果從歸根結
蒂的意義上說——其原因大致有二：一是由於時代的變化；二是
佛教從某個特定民族的信仰，變成一種許多民族共同信仰的世界
性宗教。

如果說，由於歲月的遷移和時代背景的變化，佛教有了大、
小二乘的變化，空、有二宗的發展，那麼，由於信仰佛教的國家
和民族逐漸增多，又形成了諸多具有自身特質的佛教哲學，諸如

印度佛教、中國佛教、日本佛教等等。

　　佛教的傳入中國與佛教的中國化從某種意義上說幾乎是同步進行的。由於社會歷史條件和思想文化背景的差異，東漢人士之看佛教，多視之為神仙方術的一種；魏晉時期，以智求度之般若學，又成為清談家游神玄談之助資；進入南北朝後，佛教哲學又成為「神不滅論」的主要理論依據。當然，如果從歷史的角度說，南北朝以前佛教的中國化主要表現為對某些佛教義理的中國式理解，而於陳、隋之際建立的天台宗，則使佛教的中國化進入了一個新的階段。

　　天台宗是歷史上第一個最具中國特色的統一的佛教宗派，這種「中國特色」首先表現在其創始人智者大師以「六經注我」的精神，對傳統佛教的許多義理進行創造性的解釋。用「己心中所行法門」重新組織起來的天台教學，在不少方面已與傳統的印度佛教頗多異趣，以致曾經有人指責天台教學「走樣了」，背離了印度的傳統佛教。實際上，用黑格爾的話說，這種「走樣」正好顯示出天台教學的「特性」，正好表明中國佛教對於印度佛教的發展。

　　當然，在中國佛教發展史上，天台宗的建立，智者大師對傳統佛教的改革，只是揭開了「佛教盛世」——隋唐宗派佛教的序幕，後來法藏創立的華嚴宗，特別是禪宗的「六祖革命」，更把佛教的中國化，一變而為中國化的佛教。

　　華嚴、禪宗的盛行，尤其是借助於一代文化巨匠玄奘的聲威和李唐王朝的大力支持，法相唯識宗更一度風靡全國，相形之下，天台宗自章安灌頂之後，雖法脈尚存，但已一蹶不振，值此天台宗式微之際，以中興天台為己任的天台九祖——荊溪湛然走

上了中國佛敎的歷史舞臺。

　　湛然能够力挽時代狂瀾、救天台於危難之中嗎？他又是如何「中興」天台的？本書試圖把湛然的佛敎哲學放到特定歷史條件中，通過揭示湛然佛敎哲學的學術淵源、思想特質以及這種佛敎哲學與當時各種社會思潮的相互關係，乃至對後世各種佛敎哲學的深刻影響等，對以上問題做出力所能及的探討。

　　對於湛然的「無情有性」佛性理論，筆者本來就極感興趣，蒙「世界哲學家叢書」主編傅偉勳敎授的推介，筆者有緣撰寫本書，有機會對湛然其人其學進一步作較系統、深入的探究，誠無任歡欣，藉此機會，謹向傅偉勳敎授致以最眞摯的謝意！

賴　永　海

1992年2月

注釋：

❶　黑格爾：《哲學史講演錄》，商務印書館1983年版。卷一，頁55。

目　　次

第一章 湛然之前的天台學與湛然時代的佛教界

　　佛教自兩漢之際傳入中國後，先是與黃老方技相通，至魏晉時轉而依附玄學，與玉柄麈尾之玄風相激揚；般若學至羅什、僧肇時遂蔚為大宗。南北朝時，義僧輩出，論師稱雄，佛學界出現了一種諸師異說、百家殊唱的局面。隨着南北分治、列強紛爭的結束和隋王朝的建立，中國佛教出現了一個轉機：與大一統的政治局面相適應，以往專治某經某論的諸多學派，逐漸為統一的佛教宗派所取代，其中，活躍於陳、隋之際的佛教思想家智顗所創立的天台宗，則是中國歷史上第一個最具中國特色的統一的佛教宗派。

第一節 湛然之前的天台學

　　智顗創立的天台宗，因以《法華經》為宗本，故又稱「法華宗」。天台宗雖然以《法華經》為宗本，但正如慧能所說的：「人迷《法華》轉，人悟轉《法華》。」智顗對於佛教經典，基本上取後一種態度。《四教義》中有一段話，頗能反映智顗對於佛教經典的態度：

> 但使義符經論，無文何足致疑。……今一家解釋佛法，處
> 處約名立義，隨義立名，或有文證，或無文證。若有文
> 證，故不應疑；無文證者，亦須得意❶。

　　這段話的中心意思是說，天台宗的思想有無經典根據在某種
意義上說並不是最重要的，如果有經典根據，那當然好，因經典
是佛陀所說，故不應該再懷疑；如果沒有經典根據，那也無關緊
要，重要的是該思想旨趣是否與佛經之義理相契合。在這裡，智
顗所強調的，是「義符經」和「須得意」，而不是對佛教經典的
生搬硬套、照本宣科。這種做法，用佛教自身的語言說，亦即「
依義不依語」。

　　從中國佛教史看，舉凡提倡「依義不依語」的高僧，其思想
都頗富創造性，他們往往在「依義」、「得意」的口號下，大量
闡發自己的思想。智顗就是這樣一位佛教思想家。他一生雖然研
讀、講解過許多佛教經典，為《法華經》詮釋作注，撰寫了「天
台三大部」（即《法華玄義》、《法華文句》、《摩訶止觀》），
但就其思想體系而言，智顗更多的是在「說己心中所行法門」。

　　智顗「心中所行法門」，歸約而言，則在其「性具實相論」。
所謂「性具實相論」，亦即從「性具」的角度去談一切諸法與實
相的關係，認為眾生、諸佛乃至一切善意惡諸法均為實相所本
具。以這種思想為根據，智顗進一步提出「性具善惡說」和「圓
融三諦」、「一念三千」等理論。

　　「性具善惡說」是智顗佛教學說的一個重要特色。以往的佛
教學說，每語及佛性時，都主張佛性是至純至善、毫無染垢的，
智顗一反中印佛教的傳統看法，主張佛性不但具善，同時也具

惡。這種思想的理論根據就是「性具實相說」。智顗認爲，一切諸法（包括衆生與佛）都是實相的體現，都是相卽互具的；他又把一切世間、出世間諸法分爲十界，卽佛、菩薩、緣覺、聲聞、天、人、阿修羅、鬼、畜生、地獄。根據「性具」的理論，此十界也是相卽互具的，亦卽其中的每一界，都具其它九界。也就是說，不但一切衆生都具有佛性，同時餓鬼、畜生、地獄諸界也都具有佛性；反過來說，一切諸佛、菩薩，也都具有地獄、畜生之性。世間之惡，也許無過於地獄了，佛界旣然具地獄之性，佛性之具惡實乃題中應有之義。

「性具善惡」思想雖爲智顗所首倡，但不無某些先行者的思想成分在，被稱爲天台三祖的南岳慧思可以說是這種思想的先驅。

在《大乘止觀法門》中，慧思屢屢語及一切衆生、一切諸佛唯其一如來藏。此如來藏從本以來具染淨二性：以其具染性故，能現一切衆生等染事，故以此藏爲在障本住法身，此如來藏亦名爲佛性；以其具淨性故，能現諸佛淨德，故以此藏爲出障法身❷。在這裡，慧思以具染性之在障本住法身釋佛性，表明此二法身說已包含有佛性具染的思想萌芽。但是，應該看到，慧思之談佛性具染淨，主要是指眞心體具有染、淨二用，亦卽以此如來藏能現佛德，有涅槃之用，說淨性本具；以此如來藏能現衆生之相，有生死之用，說染性本具，與智顗以十界圓融互具說「性具善惡」是很不相同的。

智顗之後，對「性具善惡」思想進行闡述發揮的，主要有三人：一是章安灌頂，二是荆溪湛然，三是四明知禮。在《大般涅槃經疏》中，灌頂認爲佛性體是非善非惡的，善惡乃是體之雙

用。這種說法與其說是繼承發揮智顗的思想，毋寧說是慧思以用說染、淨思想的再版。說實在話，灌頂對於整理智顗的講稿、繼承和發展天台宗的事業誠功不可沒，但是，就理論建樹言，灌頂並沒有多大的貢獻，倒是九祖湛然和宋代的四明知禮對智顗的思想有較大的發揮。此是後話，此不贅。

智顗建立天台學的另一個重要思想，是「一念三千」說。智顗的「一念三千」說從理論淵源說，遠承龍樹的《大智度論》和《中論》，近接北齊慧文的「一心三觀」說和南岳慧思的「實相論」。

所謂「一心三觀」，源出《大智度論》和《中論》。《摩訶般若經》一開頭就把佛教智慧分為三種：道種智、一切智、一切種智，並認為三者有高低層次的差別，必須修習般若才能得到。《大智度論》在解釋這段經文時，認為三種智慧雖有層次的差別，但最後達到圓滿，可以一時得到，「一心中得」。北齊慧文禪師把這一思想與《中論》的「三是偈」（「因緣所生法，我說即是空；亦為是假名，亦是中道義」）聯繫起來，認為一心亦可同時對「空、假、中」三諦進行觀察，因而成立「空、假、中」三種觀門。這樣，原來的三智可以一心中得，就發展成為一心可以同時對「空、假、中」三諦進行觀察的「一心三觀」。

南岳慧思在慧文「一心三觀」的基礎上又有所發展。他根據《法華經》所講的「十如是」（即如是相、如是性、如是體、如是力、如是作、如是因、如是緣、如是果、如是報、如是本末究竟等），經過分析推演，把它歸結於實相。也就是說，所謂實相，具體地就體現於相、性、體、力、作、因、緣、果、報、本末究竟等十個方面。

　　智顗在這個問題上所做的工作，就是把慧文的「一心三觀」、慧思的「十如是實相說」及他自己的「十界互具」的思想糅合起來，構成天台宗「一念三千」理論。具體地說，所謂「一念三千」，就是指人們當下的每一念心，都圓滿地具足三千大千世界。其論證過程如下：十法界互具成百法界；每一法界又具「十如是」即百法界千如是；又世間有三：一五蘊世間，二有情世間，三器世間。把千如是與三種世間相配，故得三千種世間。此三千種世間既非他生，亦非自生，而是繫於一念心。如果要進一步探究心與三千世間的關係，則是並非心生三千世間，而是心具三千世間，用智顗的話說，亦即「介爾有心，即具三千」。

　　「一念三千」的理論自智顗提出之後，就構成天台學的一個基本教義，對於後來的天台學者（如湛然、知禮等）也產生了深刻的影響，故研究天台學、研究湛然，不能不顧及它。

　　此外，智顗用以構築天台學的另一個重要理論是「圓融三諦」。所謂「圓融三諦」，實際上是一種用以觀察事物、把握佛教真理的思想方法。智顗認為，對於任何事物，都可以從「空」、「假」、「中」三個方面來觀察。從事物都是緣起無自性方面說，它即是「空」；既已緣起，即非一無所有，因而是「假」；認識到事物既是「空」，又是「假」，這就是佛教的「中道第一義諦」。換一個角度說，任何事物都是「空」、「假」、「中」三方面的統一體，說「空」，「假」、「中」亦即「空」；說「假」，「空」、「中」亦即「假」；說「中」，「空」、「假」亦即「中」。三者雖三而一，雖一而三，即「空」、即「假」、即「中」，相即互具，圓融無礙。

　　智顗佛教學說還有一點對後來天台學者也產生過深刻的影

響，這就是他提出的「五時八教」說。

「五時八教」說屬「判教」理論。所謂「判教」，亦卽把所有的佛典，通過各種各樣分科組織、重新安排、判釋，使各種經論在全體佛法中旣占有各自的一定地位，又能使各種經典出現的矛盾得到調和。同時，許多判教又往往藉此提高本宗本派或本宗本派所依經論的地位。

判教之風，在南北朝已很盛，史上有「南三北七」之說❸。智顗對這些判教都不太滿意，因此建立一種新的判教體系。

智顗把釋迦一代教法分爲五個時期，卽華嚴時、阿含時、方等時、般若時和涅槃法華時。此五時是根據說法對象根機利鈍而建立的；此外，他又把上述五時所說之法，分爲「化法四教」和「化儀四教」。所謂「化儀」，是指釋迦牟尼說法的形式和方法。它包括頓、漸、秘密、不定四種；「化法」是按教理的深淺劃分的，卽藏、通、別、圓四種。此八教穿插在《法華》以前四時，《法華》、《涅槃》爲最後時期，它是化導之終極，是純圓獨妙的，高出八教之表。智顗的用意很清楚，卽唯有他所宗奉的《法華經》才是最高無上的。智顗提高《法華經》的地位是有其時代根據的，因爲《法華經》「會三歸一」的思想與陳、隋之際南北統一的政治形勢是很相適應的。後來，隨着時代的變化，《法華經》逐漸被忽視，甚至被擠到「枝末法輪」的地位，有感於此，湛然在中興天台時，其中一個重要的做法，就是力排他經，大弘《法華經》，把《法華經》又擡至衆經之上的地位。

以上所說，多就教法而言，亦卽智顗所建立的天台學的一些最基本的教法。此外，在觀法上，智顗的建樹則更多、更大，或者說，更具特點。

在智顗之前，中國佛教界曾有過這樣一種局面，卽「南義北禪」，也就是說，南方重義理、重智慧，北方重止、重禪定。據《弘明集》及《高僧傳》記載，南北朝時，南方佛教宏重義門，時僧多以「申述經誥，暢說義理」❹爲高尚，「自晉宋以來，凡議論者，多高談大語，競相誇罩」❺，「至於禪法，蓋蔑如也」❻。與此相反，北朝佛教，多注重坐禪，反對講經；注重實修，反對空談。這一情況，自天台三祖慧思南渡，倡定慧雙開後，才逐漸有所改變，而眞正統一南義北禪局面的，當推智顗。智顗在其一生的弘法活動中，曾反覆強調「止」之與「觀」，如「車之兩輪」、「鳥之雙翼」，不可或缺，不可偏習，如若偏習，卽墮邪倒。他認爲，「止」對治馳蕩，「觀」破諸昏塞，如果修「止」時間長了，不能開發，卽應修「觀」；修「觀」旣久，若暗障還不能棄除，就應修「止」。若偏修禪定福德，不學智慧，名之曰「愚」；偏學智慧，不修禪定福德，名之曰「狂」❼。「愚」固然難見佛性，「狂」同樣難以成佛，因此二者應該相資爲用，同時並舉，用他的話說，卽是「止觀並重」、「定慧雙修」。

智顗「定慧雙修」的「止觀」學說，其創造性不亞於「性具善惡」等理論，尤其是他獨創的「三止三觀」說，更是「未見經論」，而是「隨義立名」；並非來自讀經，而是「本於觀心」。後來的天台學者曾這樣評論智顗的「止觀」學說：「此之止觀，天台智者說己心中所行法門。」而這種止觀學說對於構築整個天台宗思想體系的重要性及它對於天台後學影響之大，以致後來有不少佛教思想家把天台宗思想的特色歸結於「止觀學說」，九祖湛然甚至明言，他從智者大師那裡所承之法，就是止觀學說。

智顗一生歷經陳、隋二代，他本人極受二朝皇帝之尊崇。陳

宣帝曾稱他爲「佛法雄傑，時匠所宗」❾；隋煬帝更賜他「智者」
之號。藉助於陳、隋王朝的大力支持，同時也由於其思想的極富
創造性和能順應當時南北統一的時代潮流，他所創立的天台宗在
隋代、唐初曾經盛極一時。但是，自智顗於隋開皇十七年（公元
597 年）去世之後，天台宗就逐漸走上由盛而衰的道路。

　　關於智者大師至荊溪湛然這一期間天台宗的法系傳承，梁肅
的《天台止觀統例》有這樣一段記述：「隋開皇十七年，智者大
師去世。至皇朝建中，垂二百載，以斯文相傳，凡五家師：其始
曰灌頂，其次曰縉雲威，又其次曰東陽小威，又其次曰左溪朗
公，其五曰荊溪然公。」梁肅這裡所列舉的湛然之前的天台四位
師祖，比較值得注意的是章安灌頂。智顗之治學，頗有述而不作
的風格，其洋洋「天台三大部」，之所以能保存下來，傳諸後
世，多屬章安灌頂筆記編纂之功。《佛祖統紀》作者志盤對此曾
贊曰：「以一遍記之才，筆爲論疏，垂之將來，殆與慶喜結集同
功而比德也。微吾章安恐智者之道將絕聞於今日矣❾。」

　　就佛教思想而言，灌頂的主要工作是著述《大般涅槃經玄
義》（二卷）和《大般涅槃經疏》（三十三卷）。灌頂對於《涅
槃經》的特別重視，使得天台學之吸收涅槃學的事實受到佛界的
注意，更引起南北朝以來的許多涅槃學者的共鳴，以至於至李唐
末葉，涅槃宗終於融會入天台宗。另外，灌頂治《涅槃經》時之
特別注重佛性問題，也一定程度地促進了當時佛教界對於涅槃佛
性理論研究的重視，同時也爲九祖湛然在佛性理論上大大向前推
進一步奠定了基礎。

　　至於灌頂下之縉雲智威和東陽慧威，梁肅曾說他們：「緘授
而已」、「二威之際，其道不行」❿。當然，梁肅此說，天台學

者中就有人有不同看法。例如《佛祖統紀》作者志盤就曾說：

> 梁氏《統例》「二威繝授，其道不行」之言，則便以爲繝
> 默無言坐證而已。梁氏此言，將以張皇荆溪立言。弘道之
> 威，權爲之輕重耳。要之講經坐禪，未嘗不並行也。不然
> 法華聽習千衆，天宮求道無數，爲何事耶。是知「其道不
> 行」，也太過論❶。

　　此謂梁肅之言「二威之際，其道不行」說得太過分了。因爲
智威之講《法華經》，曾經聽衆過千；慧威之「刻志禪法」，向
他求道也很多，怎麼能說「其道不行」呢?! 再者，慧威注重禪
法，這也無可厚非，因爲坐禪之與講經，實乃並行不悖的，故對
二威，不可抑之太過，其時之天台，雖不像智顗、灌頂時代隆
盛，但也非一蹶不振。志盤此說也許有一定的道理，但從總體上
說，自智顗去世之後的一百多年時間內，與其它宗派的相對活
躍、蓬勃發展相比，天台宗確實是消沉的，是每況愈下的，這種
情況一直繼續到左溪玄朗。

　　玄朗被尊爲天台八祖。從有關史料看，他所承繼的是智顗的
止觀之學，注重坐禪。據說他一生「心不離定」、「幽棲林谷，
深以爲樂」❷。很像一個隱遁靜修、山林是托的禪師❸，而不是
一個耀祖揚宗的佛敎活動家。這樣的學術風格和爲人特點，其本
人也許可以得到人們的崇敬❹，但對於天台宗的發展是不會有多
大助盆的，因此玄朗一代，天台宗消沉的局面並沒有得到改變，
這種局面的改變是從九祖湛然開始的。

第二節　湛然時代的中國佛教界

　　與天台宗的消沉相比照，隋末至唐中期的一百多年，中國佛教正是諸宗並起、蓬勃發展時期。這一時期相繼出現的有玄奘（公元602-664年）創立的唯識宗，法藏（公元643-712年）創立的華嚴宗，道宣（公元 596-667年）創立的律宗，善導（公元613-681年）弘揚並正式創立的淨土宗，「開元三大士」（善無畏、金剛智、不空）創立的眞言密宗，慧能（公元 638-713 年）創立的禪宗。中國佛教史上所謂「隋唐盛世」，實際上就是指這個時代。

　　以上諸宗，就思想之縝密、體系之嚴謹、影響之廣泛說，尤以唯識、華嚴、禪宗爲甚，對天台宗構成威脅，客觀上「擠掉」了天台的，也是此三宗。因此，有必要簡略瀏覽一下此三宗在這一時期內大體情況。

　　李唐初期首先發展起來的是唯識宗。唯識宗的建立和盛極一時，在相當程度上要歸功於玄奘，歸功於玄奘的聲威和「新譯」。雖然玄奘基本上是一位「譯而不作」的人，創立唯識宗的實際工作大部分是由其弟子窺基（公元 632-682 年）完成的，但是能夠把當時佛教界一大批精英吸引到唯識宗——所謂「三千門徒集其譯場」，顯然是玄奘的影響力和「新譯」的吸引力。加之，李唐皇帝對玄奘之崇敬及李唐王朝對玄奘的大力支持，也是奘傳唯識學能夠風靡唐初佛學界的一個重要原因。

　　另一方面，玄奘所傳的法相唯識學，中國佛教界以前雖也有

地論、攝論諸師的傳譯和介紹，但各種論書的漢譯均不完整，並與魏晉以來中國傳統的許多思想多有矛盾。如果說，瑜伽佛教在印度是與中觀佛教並立的兩佛教派別之一，那麼，在玄奘系統傳入法相唯識學之前，它在中國佛教界的地位不是太高，影響亦不很大。相反，龍樹一系的中觀佛教，自羅什、僧肇等一大批高僧的弘揚之後，在魏晉南北朝卽蔚爲大宗。加之，於陳、隋之際創立的三論宗，更是以中觀學派的「三論」爲宗本；而天台宗在追溯其思想淵源時，也遙尊龍樹爲始祖。這就使得自魏晉南北朝以來，在中國佛教界占統治地位的主要是中觀一系的思想，而瑜伽系佛教的傳譯不多，尤其是缺少系統的介紹，中土人士對它的了解也相對較少。因此，當玄奘從印度帶回大批瑜伽系經典，在李唐王朝的支持下開展了大規模的譯經活動後，就吸引了大量的義僧、學人，在唐朝初期的中國佛教界刮起了一陣法相唯識學的旋風。

　　繼唯識宗之後興起的是華嚴宗。華嚴宗以《華嚴經》爲宗本，於李唐初期建立並盛極一時。就傳法世系說，始自杜順（公元557-640年），實際創始者是法藏。

　　法藏以講解、弘揚《華嚴經》聞名，史上有「華嚴和尚」之稱，這一稱號在相當程度上來自他講解《華嚴經》的影響，並非因爲他是中土第一個華嚴學者。在法藏之前，治《華嚴經》者早已大有人在。據《高僧傳》記載，在覺賢（卽佛陀跋陀羅）譯六十卷《華嚴經》時，東晉僧人法業充筆受之役，著《華嚴旨歸》二卷，已開《華嚴經》流通之端❶；覺賢之法孫玄暢，在宣釋、演講《華嚴經》方面，也頗具影響❶；此外，南北朝及陳、隋之際之地論、三論諸師，也多致力於《華嚴經》。地論派所依據的

主要典籍《十地經論》即是對《華嚴經‧十地品》的論釋；而三論宗之創始人吉藏則著有《華嚴經游意》等。所以，從歷史上看，《華嚴經》並非華嚴宗所專有、所獨倡。所不同的是，華嚴宗把《華嚴經》擡到至高無上的地位，列為衆經之首，以《華嚴經》的「淨心緣起」和「圓融無礙」的學說，作為自家思想之理論綱骨。

　　就思想內容說，華嚴宗的學說具有兼收並蓄、統攝百家的特點，既遠承南北朝時地論、攝論諸師的學說，又批判地吸收天台、唯識二宗的有關思想，經糅合調和，自成一龐雜而又完整的理論體系。例如，就其圓融理論說，不少來自於天台；在理事觀方面，則許多是得自於玄奘的新譯。作為華嚴宗教義重要組成部分的判教學說——「就法分類」、「教類有五」、「以理開宗，宗乃為十」，則既參照攝論、地論師的有關說法[❼]，更吸收天台宗的「五時八教」和窺基的「八宗」教判思想，然後略加修改、重新組織而成。華嚴宗判教學說也有一個重要特點，即對各宗各派的思想並不採取單純否定、排斥的做法，而是既批判、又吸收。他往往先降低對方的地位，然後把它們納入自己的體系之中，成為自己體系的一個部分。這樣做，既達到降低對方的目的，又能顯示自宗包含更廣，高居於各宗之上。例如，其把佛教分為小乘教、大乘始教、大乘終教、頓教、圓教的五教說，前四教實際上就是天台化法四教的藏、通、別、圓，法藏又在最後加上圓教，並自詡為圓教。這樣，天台宗視為極至之頓教，在華嚴宗那裡，又處於華嚴宗的圓教之下，用華嚴宗的話說，天台宗是「漸頓」而非「圓頓」；至於唯識宗，則被華嚴宗貶為大乘始教；其「十宗」說亦然。既以窺基的「八宗說」為基礎，又在八宗之外，另

加二宗，把自家的「圓明具德宗」凌駕於各宗之上。

　　此外，華嚴宗還有一個幾乎是專門針對天台宗的所謂「別教一乘」說。天台宗以《法華經》為根據，認為在《法華經》之前，佛法有聲聞、緣覺、菩薩三乘之分，至《法華經》，佛就指出這三乘只是方便說，究竟唯有一乘，即佛乘。華嚴宗為了提高自家的地位，提出了一種新的說法。他們認為，《華嚴經》屬一乘教，此一乘教非但與三乘教不同，而且與《法華經》之一乘也有區別，《法華經》之一乘是「會三歸一」之一乘，如《法華經》的「三車之喻」，雖分別誘以羊車、鹿車、牛車，但出火宅之後，一律給與大白牛車。也就是說，《法華經》之一乘，是歸納三乘之一乘；而《華嚴經》之一乘則不同，它是獨立於三乘之外的一乘，因此，華嚴宗把天台宗之一乘說成是「同教一乘」，而視自家之一乘是超出於天台宗的「別教一乘」。此「別教一乘」說，到後來又衍化出「漸頓」、「頓頓」之爭，即視自家依據的《華嚴經》為「頓頓」，貶天台宗所依據的《法華經》為「漸頓」，此說後來遭到荊溪湛然的奮起反擊。

　　華嚴宗學說的包羅廣博，加上法藏對於《華嚴經》的大力弘揚，把它推到眾經之首，在當時佛教界造成這樣一種印象，即華嚴宗的思想比天台、唯識二宗都要高出一頭；另外，法藏對於較接近中國人思維習慣、很符合中國人口味的《大乘起信論》十分重視，大力闡發其中之「心具真如、生滅二門，真如具不變、隨緣二義」的思想，同時，盛辨隨緣、不變之真如與唯識宗凝然真如的區別，在當時佛教界產生了很大的影響。這一切，使得華嚴宗在唐初短暫的法相唯識學旋風過後，很快就占據了當時佛教界主導地位。

　　尤其值得一提的是，華嚴宗創始人法藏的社會活動能力，更促使了華嚴宗的快速發展。

　　法藏其人雖然出家較晚，但自出家之後，一直得到則天武后的大力支持。武則天組織八十卷《華嚴經》的翻譯工作，特地讓法藏參加；多次請法藏給她講《華嚴經》；親自賜給他「賢首菩薩」的稱號；法藏對於武氏的關心和支持也「投我以桃，報之以李」，對武則天利用佛教建立武周王朝曲意奉迎，因而頗得武氏之愛寵；公元 705 年，宰相張柬之趁武氏年老多病，聯合桓彥範等人，以恢復唐王朝爲號召，合謀誅殺武氏嬖臣張易之、張宗昌兄弟，迎中宗復位。在這關鍵時刻，法藏乃「內弘法力，外贊皇猷」⓲，轉而支持中宗，獲三品大官的獎賞。法藏還爲中宗、睿宗授菩薩戒，被中宗禮爲菩薩戒師，賜號「國一」。在古代中國，宗教的盛衰興亡經常與封建王朝對於它的支持與否息息相關，當朝皇帝的大力支持，使得華嚴宗很快就入主當時佛教界，成爲唯識宗之後又一大佛教宗派。

　　與華嚴宗約略同時崛起的另一大的佛教宗派是禪宗。雖然從傳法世系看，作爲禪宗初祖的菩提達摩（？-公元536年）是南北朝時代的人，但禪宗的正式創立是在唐代。如果說，在五祖弘忍（公元 601-674 年）以前，禪宗幾代祖師所強調的是隱遁潛修、面壁靜坐，不形成廣泛的社會影響，那麼，自弘忍的弟子神秀（公元606-706年）、慧能之後，情況就發生了變化。

　　就神秀言，雖然他仍然堅持傳統的「拂塵看淨、方便通經」的禪法，但已與前幾代祖師之隱遁潛修不同，而是涉足宮廷，被武則天召至洛陽、長安，於內道場供養；中宗即位後，尤加禮重⓳。神秀在京、洛一帶，曾經顯赫一時，有「兩京法主，三帝國

師」之稱，這種地位使得神秀建立的北宗影響也隨之擴大。神秀
寂滅之後，其弟子普寂、義福在帝王的支持下，繼續弘揚其禪
法，使得北宗曾經盛極一時，據有關資料記載，當時，「兩京之
間皆宗神秀」，可見其影響之非同一般。

　　禪宗之另一系慧能所建立的南宗，雖然沒有得到當朝皇帝的
直接支持❹，但它卻走出了另一條生存、發展的道路，即通過對
禪法本身的改革❹，使之更能適合中國國情，更能適合社會各階
層的需要，因而得到更廣泛、更深刻的發展。南宗的一個重要特
點，就是帶有濃厚的儒學色彩，把佛性心性化、人性化，使得原
本虛玄抽象的佛性，容易爲中土人士所理解和接受；另外，中國
士大夫乃至一般民衆對佛教最反感、最有牴觸情緒的，就是認爲
佛教棄君親、悖人倫，離家出世，慧能南宗的另一個重要特點，
是吸收儒家的入世精神，主張既入世，又出世，把入世與出世統
一起來，這就使禪宗獲得了更廣泛的社會基礎，受到社會各界的
歡迎，爲自己的發展創造了條件。

　　禪宗出現了南、北二宗之後，爲誰是正統展開了一場激烈
的、影響廣泛的爭論。據有關史料記載，當時禪宗的正統之爭，
曾經「彌滿天下」。經過慧能弟子荷澤神會（公元 686-760 年）
「不惜身命」的奮戰，除了終於把神秀的北宗推到「傍門」、把
慧能的南宗奉爲正統外❷，又使禪宗的影響進一步擴大，成爲繼
唯識、華嚴之後的一個重要的佛教宗派。

　　除了以上列舉的三大宗派之外，初唐至中唐這一時期，中國
佛教界還出現了諸如律宗、淨土宗、密宗等佛教宗派。律宗尤以
道宣（公元 596-667 年）爲代表的南山宗爲盛；淨土宗則在道綽
（公元562-645年）、善導（公元613-681年）的大力護持、提倡

下得到廣泛的發展；眞言密宗在開元年間更蔚爲大觀，成爲王公貴族及上層士大夫的普遍信仰。

不難看出，唐初至中唐這一歷史時期，是中國佛教蓬勃發展的黃金時期。如果說，以往的中國佛敎多是致力於某經、某論的闡釋、傳揚，形成諸如涅槃、成實、地論、攝論等學派，那麼，自陳、隋之際的三論、天台建立宗派之後，至唐初已出現一個諸家並起、宗派林立的局面。由於後起的這些宗派，或者在思想理論方面融攝、吸收了以往某些宗派（如三論宗、天台宗）的有關學說，或者他們的領袖人物是一些名重當代的高僧，並且多在不同程度上得到當朝皇帝的支持；有的宗派則在義理方面進行了較大的改革，變成更能適應時代的需要。這一切使得這些後起的宗派出現了一種蓬勃發展的強勁勢頭。相形之下，唐以前建立的兩個佛敎宗派——三論宗和天台宗，則或者一蹶不振(如三論宗)，或者黯然失色（如天台宗）。也就是說，唐初至中唐這一中國佛敎發展的鼎盛時期、黃金時期，對於天台宗卻是一個不振的年代、黑暗的年代。正是在這樣一個關鍵時刻，荊溪湛然以天台宗中興者自命登上了歷史舞臺。

注　釋

❶　《四敎義》卷一。《大正藏》卷四六，頁723。

❷　《大乘止觀法門》卷二。

❸　「南三北七」指南方的三種判教和北方的七種判敎，智顗的《法華玄義》和吉藏的《大品經游意》和《法華玄論》均有論及。按智顗和吉藏的記載，「南三」皆把佛說分爲頓、漸、不定三敎。如吉藏之《大品經游意》說：「《成論》師云：佛教不出三：一者頓敎，

如《華嚴》大乘等也；二者偏方不定敎，如《勝鬘》、《金光明》
、《遺敎》、《佛地經》等也；三者漸敎，如四《阿含》及《涅
槃》是也。」（《大正藏》卷三，頁 382）對其中之漸敎，又有各
種不同的說法：如虎丘山岌法師分之爲「三時敎」：有相敎、無相
敎、常住敎；宗愛、僧肇諸法師則在「三時敎」的無相敎下加上同
歸敎，稱爲「四時敎」；僧柔、慧次、慧觀諸法師又在「四時敎」
之同歸敎前加上褒貶抑揚敎，稱爲「五時敎」。北方的七種判敎則
是：有的立人天敎、有相敎、無相敎、同歸敎、常住敎，稱爲「五
時敎」；有的立「半字敎」、「滿字敎」；有的立因緣宗、假名
宗、誑相宗、常宗；有的在前述四宗之外又加上法界宗，稱爲「五
宗敎」；有的則立假名宗、因緣宗、誑相宗、常宗、眞宗、圓宗，
稱爲「六宗」；有的立有相大乘、無相大乘；有的則立「一音敎」，
謂佛以一音演說法，衆生隨類各得解。

❹　《弘明集》卷一二。

❺　《大正藏》卷五〇，頁462。

❻　《唐高僧傳》卷二一。

❼　《童蒙止觀》。

❽　《國清百錄》卷一。

❾　《佛祖統紀》卷七。

❿　梁肅：《天台止觀統例》。

⓫　《佛祖統紀》卷七。

⓬　《佛祖統紀》卷七。

⓭　《佛祖統紀》載：玄朗「依憑岩穴，建立招提，面列翠峰，左瑩碧
澗，因自號曰左溪。每言：泉石可以洗昏蒙，雲鬆可以遺身世。常
宴居一室，自以爲法界之寬，心不離定，口不嘗藥。耄耋之歲同於
壯齡，揉紙而衣，掬溪而飲。洗鉢則群猿爭捧，育經則衆禽交翔。
幽棲棲林谷，深以爲樂。」

⑭ 志盤在《佛祖統紀》中贊之曰：「師……食無重味，居必偏廈，非因討尋經論不虛燃一燈，非因瞻禮聖容不虛行一步，未嘗因利說一句法，未嘗因法受一毫財，遂得遠域龍象，鄰境者臸，爭趨以前，填門擁室。」

⑮ 《華嚴傳》曰：「沙門曇斌等數百人，伏膺北面，欽承雅訓，大教（華嚴）濫觴，業之始也。」

⑯ 《華嚴傳》曰：「初華嚴大部，文旨浩博，終古以來，未有宣釋。暢乃竭思研尋，提章比句，傳講迄今，暢其始也。」

⑰ 梁譯《攝論》把佛教分爲小乘、大乘、一乘。同時又把大乘理解爲不定乘，卽或從聲聞來，或從緣覺來，或從菩薩來，共三種，加上小乘和一乘，卽是五乘；地論師也有一種判教把佛教分爲漸、頓、圓三種，其中於漸又分而爲三，也是五分。

⑱ 續法：《三祖賢首國師傳》。選自金陵刻經處本，續法：《法界宗五祖略記》。

⑲ 據《五燈會元‧北宗神秀禪師》記載：「祖旣示滅，秀遂住江陵當陽山。唐武后聞之，召至都下，於內道場供養，特加欽禮。……時王公士庶皆望塵拜伏。暨中宗卽位，尤加禮重。大臣張說嘗問法要，執弟子禮。」

⑳ 據《歷代法寶記》載，長壽元年（公元692年），武則天曾降旨詔慧能進京，慧能「託病不去」。《高僧傳‧慧能傳》亦云：「武太后孝和皇帝，咸降璽書，詔赴京闕，……續遣中官薛簡往詔，復謝病不起。」

㉑ 「六祖革命」主要表現在以下三個方面：一是把傳統佛教的注重抽象本體，變爲注重心性，主「卽心卽佛」；二是把傳統佛教的強調歷劫漸修，變爲強調頓悟，倡「頓悟見性」；三是把傳統佛教的主張隱遁潛修、出世修行，變爲主張卽世間求解脫，提倡亦出世亦入世。

㉒ 南宗所以能成為禪宗之正統，神會的護持、弘揚固然是其中一個重要原因，但是更根本的原因還在於南宗思想的適合當時社會的需要，因而得到承認和發展。

第二章　湛然其人及其學術師承

第一節　湛然的生平

　　湛然，俗姓戚，唐睿宗景雲二年（公元711年）生於晉陵荊溪（今江蘇宜興），時人因尊其道又稱他爲荊溪尊者或妙樂大師。其家世代習儒，故湛然從小就深受儒學之薰陶，但他不滿足於儒家倫理綱常之教，幼年就有「超然邁俗」之志。十七歲時❶，便到浙東一帶尋師訪道，得遇金華方岩禪師，禪師授以他天台教法並《摩訶止觀》等書，遂有志於天台學。

　　玄宗開元十八年（公元730年，20歲），湛然投禮於左溪玄朗門下，與之學天台教、觀。玄朗發現湛然天資聰穎，根器甚利，很是讚賞。有一次，玄朗問湛然：「你曾做過什麼夢嗎？」湛然答道：「前幾天夜裡，我曾夢見自己身著僧服，腋挾二輪，游於大河之中。」玄朗聽後，高興地說：「這預示日後你將以止、觀二法，度衆生出生死苦海之中。」後來，便把自己所學之天台止、觀，盡數傳予湛然。

　　湛然從學玄朗之時，並未正式出家，直到天寶七年（公元748年，38歲），才始著僧服，在宜興君山鄉的淨樂寺出家。出家後不久，即往會稽的開元寺，從名僧曇一「博究律部」；其

後，又到吳郡的開元寺講解、弘揚《摩訶止觀》。

天寶十三年（公元 754 年），左溪玄朗圓寂，湛然毅然挑起弘揚天台學之重擔，在東南各地盛弘天台定慧雙開的止觀之學。有感於當時中國佛教界諸宗並起，各家興盛，名僧輩出，各振宗風❷，而天台宗一系，自入唐以來，即默默無聞、道用不振，湛然頗有感慨。他對弟子們說：

> 道之難行也，我知之矣。古之聖人，靜以觀其本，動以應乎物，二俱不往，乃蹈於大方。今之人或蕩於空，或膠於有，自病病他。道用不振，將欲取正，舍予誰歸❸？

從這段話看，湛然很有當仁不讓中興天台宗之決心和氣魄。實際上，湛然之於中興天台宗，不僅僅有決心，而且很快付諸行動。在這方面，他做了大量的工作❹：例如，大力闡釋、弘揚天台宗「當體實相」、「止觀並重」的思想；力破他宗，盛揚法華，從唯識、華嚴，到禪宗，都有不少教義、觀點受到他的批評甚至抨擊❺，同時又極力擡高《法華經》的地位，把天台學視為佛教義理之極至；此外，他更把經過憚思竭慮而提出來並進行了周密論證的「無情有性」理論，作為中興天台宗的一面旗幟。通過各種努力，終於使得天台宗之宗風復振、圓義再現，確實出現了中興之勢頭。門人梁肅曾撰碑銘曰：

> 嘗試論之，聖人不興，其間必有命世者出焉。自智者以法傳灌頂，頂再世至於左溪，明道若昧，待公而發，乘此寶乘，煥然中興。……師嚴道尊，遐邇歸仁，向非命世而

生，則何以致此❻？

在梁肅看來，湛然之於天台，有如孟子之於孔門，乃是名世之聖人，中興之功臣。對此，《佛祖統紀》的作者也有相同的看法，曰：

> 師（湛然）追援其說，辯而論之，曰《金錍》，曰《義例》。皆孟子尊孔道闢楊墨之辭。識者謂：荊溪不生，則圓義永霾矣❼。

> 大哉！《釋籤》、《妙樂》、《輔行》之文，其能發揮天台之道……厥功茂焉。不有荊溪，則慈恩、南山之徒，橫議於其後者，得以並行而惑眾矣。「將欲取正，舍予誰歸」，誠然哉！寶訓也❽。

湛然對於中興天台、弘揚佛法的活動和功績，終於引起了社會各界的注意乃至當朝皇帝的重視，從天寶至大曆年間（公元742-779年），唐玄、肅、代三宗曾下詔徵召，他都託病固辭❾。

湛然之晚年，仍堅持著述、授徒和弘揚天台宗。在弘揚天台宗方面，有一件事頗能說明湛然之心境與態度。他在蘭陵（今江蘇武進縣）居住時，曾與江淮四十名僧遊訪五台。在五台碰到不空三藏的弟子含光。含光對湛然說：不久以前，他在隨不空和尚遊歷印度各地寺院時，曾有一些印度僧人對他們說：「聽說中國有一種天台教法，倡止觀並重、定慧雙修，可以識別何種義理是圓，何種義理是偏，何種法門是正，何種法門是邪。何不把它翻

譯至印度來。」湛然聽後，很有感慨地說：「可謂中國失法，求
之四維❿。」也就是說，天台宗之教法，在相當長的一段時間
內，在中國沒有多少人理會，倒是在異國他鄉才遇到知音。湛然
這話表明他時時把中興天台宗放在心上，其為天台學之嘔心瀝血
眞眞到了念念在玆、刻刻不忘的地步。

在授徒傳法方面，湛然也把它作為中興天台宗的一個重要組
成部分，鞠躬盡瘁、不遺餘力，《佛祖統紀》稱他「晚歸台嶺，
大布而衣，一床而居。以身誨人，耆年不倦。大兵大饑之際，學
徒愈蕃」❶。

至於著述，尤為湛然所注重。他一生著述宏富，除了對「天
台三大部」均有深入、詳盡的闡釋、發揮外，還針對華嚴、唯
識、禪宗的有關學說寫了許多專門性論著。這些論著，有不少思
想很富獨創性，對於振興天台宗、推動中國佛教思想的發展，都
具有重要的意義。

唐德宗建中三年（公元 782 年）二月五日，湛然圓寂於佛隴
道場。臨終前對其弟子們說：

> 道無方，性無體，生歟死歟，其旨一貫。吾歸骨此山，報
> 盡今夕，要與汝等談道而訣。夫一念無相謂之空，無法不
> 備謂之假，不一不異謂之中。在凡為三因，在聖為三德。
> 蒸炷則初後同相，涉海則淺深異流，自利利人，在此而
> 已。爾其志之❷。

湛然逝世後，弟子們奉其全身起塔，建在智者大師墓塔之西
南面。春秋七十二，法臘三十四，趙宋開寶年間追諡「圓通尊

者」之號。湛然的主要弟子有道邃、行滿、元浩等三十九人，其中，與道道邃爲其囑累弟子。

第二節　湛然之著述

根據《續高僧傳》、《佛祖統紀》等文獻記載，湛然的著述有幾十種，凡數十萬言，其中：

一、現存部分：

(一)對「天台三大部」的注疏、闡釋：

1. 《法華文句記》（三十卷）：此書是對智者大師《法華文句》的注釋。《大正藏》卷三四。

2. 《法華三大部科文》（十六卷）：此書將「天台三大部」細加分科。其中玄義科五卷；文句科六卷；止觀科五卷。《續藏經》第一編，第四十三套，第二冊至第四冊。

3. 《法華玄義釋籤》（十卷）：此書是對智者大師《法華玄義》的注釋，是湛然闡釋天台敎義的一部重要著作。《大正藏》卷三三。

4. 《十不二門》（一卷）：此書是《法華玄義釋籤》卷十四中有關「十不二門」的別抄本，在天台敎學中具有重要地位，後人注解多達50幾種。《大正藏》卷四六。

5. 《止觀輔行傳弘訣》（十卷）：本書是對智者大師

《摩訶止觀》的注釋，是闡發天台敎、觀的重要著
作，與《法華玄義釋簽》一起，被譽爲弘揚天台敎義
之雙璧。《大正藏》卷四六。

6.《止觀義例》（二卷）：此書將《摩訶止觀》歸納爲
七科，在闡揚天台觀門同時，對華嚴思想屢有批評。
《大正藏》卷四六。

7.《止觀大意》（一卷）：此書概述天台止觀之大要，
是習天台止觀之必讀書目。《大正藏》卷四六。

8.《摩訶止觀輔行搜要記》（十卷）：此書是《摩訶止
觀輔行傳弘訣》的提要和補充。《續藏經》第二編，
第四套，第二册至第三册。

(二)闡述《法華經》，或對智顗研究《法華經》有關著作的
注釋，或針對他宗的有關思想，藉闡釋《法華經》加以
批評並發揮自家的思想：

1.《法華經大意》（一卷）：此書對《法華經》每品之
大意加以歸納，是《法華經》思想提綱挈領之作。
《續藏經》第一編，第四十三套，第二册。

2.《法華三昧行事運想補助儀》（一卷）：此書是對智
顗《法華三昧懺儀》的注釋。《大正藏》卷四六。

3.《法華五百問論》(三卷)：這是一部針對窺基《法華
玄贊》主定性二乘不能成佛、三乘是實、一乘是權等
觀點所寫的一部著作。書中詳細地闡發了天台對定性
二乘有無佛性、一乘、三乘孰權孰實等問題的看法。

(三)對智顗《維摩經疏》之刪略或注釋：

1.《維摩經疏記》（三卷）：此書是對智顗《維摩經

疏》疑難處之注釋，且藉此發揮天台宗義。《續藏
經》第一編，第二十八套，第四冊至第五冊。

2. 《維摩經略疏》（十卷）：此書將智顗《維摩經疏》
（卷二八），掠其重要者，刪爲十卷。《大正藏》卷
三八。

(四)其它：

1. 《大般涅槃經疏》（三十三卷）：相傳此書爲湛然對
章安大師之同一書名之再治，但《大正藏》中之作者
是章安灌頂。《大正藏》卷三八。

2. 《金剛錍論》（一卷）：這是一部以答客問的形式，
系統論述「無情有性」思想的論著，是了解湛然佛學
思想乃至天台學說的一部重要著作。《大正藏》卷四
六。

3. 《觀心誦經記》（一卷）：此書詳說誦經之具體要求
及如何配合空、假、中三觀，以入第一義空。《續藏
經》第二編，第四套，第一冊。

4. 《大方廣佛華嚴經願行觀門骨目》《二卷》：此書
是唐譯八十卷《華嚴經》七處九會二十九品之綱要。
《大正藏》卷三六。

5. 《始終心要》（一卷）：此書是對天台宗圓頓一乘義
理之畫龍點睛之作。卍藏第三十三套，第七冊。

6. 《授菩薩戒儀》（一卷）：此書以《梵網經》爲憑
依，詳述授菩薩戒之儀式。《續藏經》第二編，第十
套，第一冊。

二、據有關文獻記載爲湛然所撰，今已無從查考之散佚部分：

　　1.《涅槃後分疏》（一卷）。

　　2.《淨名廣疏記》（六卷）。

　　3.《觀心補助儀》（一卷）。

　　4.《方等懺補助儀》（二卷）。

　　5.《摩訶止觀文句》。

　　6.《覺意三昧文句》。

　　7.《涅槃經分科文》等。

第三節　湛然的學術師承

　　從以上所列之著述看，湛然的學術思想主要承接於智者大師，繼承並發揮「天台三大部」的思想。其中，據湛然自己說，天台智者的「止觀」學說尤其是他佛學思想的主要來源。在《金剛錍論》中，湛然曰：「天台大師靈山親承，大蘇妙悟，是余師也；《摩訶止觀》，所承法也❸。」考湛然佛學之思想內容及其發展過程，此說是合乎實際的。雖然湛然的老師是左溪玄朗，但玄朗最精通的即是智者的「止觀」學說，所傳授予湛然的也是「止觀」學；並且他所以投禮於左溪也是因爲金華方岩禪師授予《摩訶止觀》，使他開始對天台學感興趣。

　　湛然所以特別注重智者的「止觀」學說，主要是因爲「止觀」學說在天台學中占有十分重要的地位，這一點，正如宋之元照禪師所說：

若夫窮萬法之源底，考諸佛之修證，莫若止觀。天台大師
靈山親承，承止觀也；大蘇妙悟，悟止觀也；三昧所修，
修止觀也，縱辯二說，說止觀也；故曰說己心中所行法
門。則知天台敎部雖繁，要歸不出止觀，舍止觀不足以明
天台道，不足以議天台敎⑭。

　　按照元照的這一說法，「止觀」學說簡直成爲天台學的代名
詞了。這種說法雖然多少有點誇大其辭，但也不無其根據在。因
爲在智者大師的整個佛學理論中，「止觀」學不僅僅是一種修行
方法，而且在一定程度上成爲天台學的基礎，例如，智顗自己就
說：

若夫泥洹之法，入乃多途，論其急要，不出止觀二法。所
以然者，止乃伏結之初門，觀是斷惑之正要；止則愛養心
識之善資，觀則策發神解之妙術；止是禪定之正因，觀是
智慧之由借，若人成就定慧二法，斯乃自利利人法皆具
足⑮。

　　同時，在天台宗的圓融理論中，「止觀」學說又通過：「三
止」、「三觀」說與諸如「一心三觀」、「一念三千」、「圓融
三諦」等理論貫通起來、統一起來⑯，這就使得「止觀」並非單
純是一種修行方法。
　　可見，湛然之特別重視「止觀」學確實不無道理，而他的
師承智者、承繼天台之「止觀」學說則是其本人在許多著述中
一再明言的。例如，除了上已提及的在《金剛錍論》中所說的

「《摩訶止觀》，所承法也」，在《止觀輔行傳弘訣》中，他在回答「有何因緣，輒集此記」時，陳述了撰寫此書，「凡有十意」❶：

> 一為知有師承，非任胸臆，異師心故；
> 二為曾師承者，而棄根本，隨未見故；
> 三為後代展轉，隨生異解，失本依故；
> 四為信宗好習，餘方無師，可承禀故；
> 五為義觀俱習，好憑教者，行解備故；
> 六為點示關節，廣略起盡，宗要文故；
> 七為建立師解，使不淪墜，益來世故；
> 八為自資觀解，以防誤謬，易尋討故；
> 九為呈露所解，恐有迷忘，求刪削故；
> 十為隨順佛意，運大悲心，利他行故。

此中之十條，核心思想不外是爲了說明：第一，湛然所闡發的學說，並非「任胸臆」之異說，而是有所師承的，亦即是直接繼承智者的止觀學；第二，其學說是爲那些曾經學過天台學，後來又捨本求末，放棄了天台學的基本思想而追逐異說者而作；第三，其著書立說的目的，是爲使天台學能夠世世代代輾轉相承，不至於式微、淪墜。實際上，湛然的整個佛學思想，始終圍繞著一個目標，即「中興天台」，旣是「中興」，自然是以智者大師的天台學爲憑依，並以此爲基礎，去振興天台。從佛教史的角度看，智者大師創立的「止觀」學，確實是通過湛然之努力而極盛，正如《續高僧傳‧湛然傳》所說：「止觀之盛始，然之力

也⑱。」

除了「止觀」學說外，智者大師的「性具實相」理論也是湛然佛教學說的一個重要的思想來源。

湛然佛教學說的一個重要內容，是主「當體即實相」，亦即認為「一切諸法皆是法界、無非實相」，色心、因果、理事，皆二而不二、即體即用(這一思想在第四章將展開論述，此不贅)。從思想傳承的角度說，此思想源於智者大師。

與其它佛教宗派或佛教思想家比，智顗天台學的一個重要特點，是堅持從「性具」的角度去談諸法即實相。

所謂「性具」，又稱「理具」或「體具」，意謂真如實相本來悉具一切諸法。實相與諸法的關係，不存在孰先孰後問題，實相不在前，諸法不在後，不是實相生諸法，諸法乃實相之所本具。這是「性具」說的第一層意思。

「性具」說的第二層意思，是指一切諸法，各各互具。具體地說，世間、出世間的任何一法，都悉具其它諸法。此思想最富有代表性的說法是「十界互具」說⑲，亦即十界中的任何一界都具有其它九界。

「性具」說的第三層意思，是前二層意思的進一步展開，具體地說，任何一法都本來悉具善、惡二性，簡言之，即「性具善、惡」。性具善，這是佛教界之共識，中土各宗也都如是說；而性也具惡，則是天台之獨唱。這一「性惡」理論，從歷史發展的角度說，是天台智者始發之，荊溪湛然盛述之，四明知禮發揮之。

智顗之談「性惡」，首先把佛性分為正、緣、了三因，進而指出緣、了二因皆具惡，如《觀音玄義》中，當有人問及：「緣

了旣具性德善，亦有性德惡不？」智者答道：「具」❷。此一緣
了具惡的思想使天台宗的佛性思想在各宗之外獨樹一幟。當然，
單純的緣了具惡，從理論上尙不能完全得出正因也具惡的結論，
智顗又藉助於「三因互具」。所謂「三因互具」，就是把正、緣、
了三因與空、假、中三諦聯繫起來，以非空非有之中爲正因，以
假爲緣因，以空爲了因，而空、假、中三諦是圓融無礙、相卽互
具的。說空，假、中亦卽空，一空、一切空；說假，空、中亦卽
假，一假、一切假；說中，空、假亦卽中，一中、一切中。卽
空、卽假、卽中，雖三而一，雖一而三，不相妨礙。旣然緣了具
惡，而正、緣、了三因又相卽互具，那麼，正因亦具惡就是題中
應有之義了。這樣，智顗完成了對性也具惡思想的論證。

　　智顗提出的「性惡」說，後來成爲天台宗的重要思想之一，
而對它進行進一步闡述、發揮的，則是荆溪湛然和四明知禮。湛
然在《止觀輔行傳弘訣》和《止觀義例》等著述中，對「性惡」
說多有闡發，而至趙宋時代，「性惡」說則成爲山家、山外爭論
的其中一個重要內容。

　　湛然佛教學說的另一個重要來源，是智顗及以前某些佛教思
想家、某些佛教經論中的「無情有性」思想。「無情有性」說是
湛然佛教學說中最有特色的一個部分，也是湛然思想創造性的一
個重要表現。對於這一思想及其學術淵源，本書的第三章將做較
全面的探討，這裡只準備從學術師承的角度，看看天台學創始人
智顗的有關論述。

　　在智顗的著述中，有一句話是屢屢出現的，甚至於俯拾皆
是，這就是「一色一香，無非中道」❷。所謂「一色一香」，亦
卽一切諸法；所謂「中道」，亦卽中道佛性。也就是說，世上一

切諸法，無不具有中道佛性。這種說法本身內在地包含有「無情」也有佛性的思想。後來，湛然就在此基礎上，深入論證，系統闡發，建立起一個完整的理論體系，爲中興天台作出了特殊的貢獻。

此外，智者大師有關「五時八教」及把《法華經》列爲衆經之首、推爲圓頓之敎等思想，後來也大都爲湛然所吸收。因爲湛然是以「中興」者自命，他的學術活動始終是圍繞這一主題進行的，因此，在湛然的著述中，批判他宗、弘揚《法華經》內容占有相當大的比重，而他的所抑所揚，往往以智者大師的思想爲憑依。當然，這種憑依並不是照本宣科，而是抓住智顗有關學說的思想核心，然後加以闡述發揮，進而構成一個頗富創造性的思想體系，既對當時天台宗的中興起了相當大的作用，又對後世產生了廣泛、深刻的影響。

注　釋

❶　《佛祖統紀》卷七「九祖荆溪尊者湛然」條下有注云：「湛然，睿宗景雲二年生，至玄宗開元十五年，當十七歲。」

❷　《佛祖統紀》中載有湛然評述當時各宗隆盛之概況，曰：「自唐以來，傳衣鉢者起於庾嶺，談法界闡名相者盛於長安，是三者皆以道行卓犖名播九重，爲帝王師範，故得侈大其學，自名一家。」（卷七）

❸　贊寧《續高僧傳》卷六。

❹　《續高僧傳》和《佛祖統紀》曾這樣評論湛然於中興天台所做的工作：「於是大啓妙法，旁羅萬行，盡攝諸相入於無間，卽文字以達觀，導智默以還源。乃祖述所傳著爲記文，凡數十萬言。使一家圓頓之敎悉歸於正。」

❺　《佛祖統紀》卷七中載有湛然對華嚴、唯識、禪宗的批評，曰：
　　「然而宗經弘論，判釋無歸。講華嚴者唯尊我佛，讀唯識者，不許
　　他經，至於教外別傳，但任胸臆而已。」

❻　贊寧《續高僧傳》卷六。

❼　《佛祖統紀》卷七。

❽　《佛祖統紀》卷七。

❾　據《續高僧傳》記載：「天寶末，大曆初，詔書連徵，辭疾不受。」
　　《佛祖統紀》也稱：「天寶大曆間，朝廷三詔，並辭疾不起。」

❿　《佛祖統紀》卷七。

⓫　《佛祖統紀》卷七。

⓬　《宋高僧傳》卷六。

⓭　頻伽精舍校刊《大正藏》陽帙第一〇冊。

⓮　《大正藏》卷四六，頁462。

⓯　《修習止觀坐禪法要》。《大正藏》卷四六，頁462。

⓰　所謂「三止」，亦即「體眞止」、「方便隨緣止」、「息二邊分別
　　止」；所謂「三觀」，亦即「空觀」、「假觀」、「中道第一義諦觀」。
　　智顗此「三止三觀」說與傳統佛教把「止觀」僅解釋爲「禪定」、
　　「智慧」很是不同，而是與「空、假、中」三諦聯繫起來，並以此爲
　　基礎，把「止觀」與「即空、即假、即中」的圓融理論統一起來。據
　　智顗自己說，這樣解釋「止觀」、「未見經論」，是他「映望三觀隨
　　義立名」（《摩訶止觀》卷三上。《大正藏》卷四六，頁249）。

⓱　《大正藏》卷四六，頁141。

⓲　《續高僧傳》卷六。

⓳　「十界互具」說詳見第一章第一節。

⓴　《觀音玄義》卷二。

㉑　如《法華玄義》、《摩訶止觀》等著作中均有這樣的話。詳見《大
　　正藏》卷四六，頁1、頁716等。

第三章　湛然的「無情有性」論

湛然佛教學說中最有特色部分，當推其「無情有性」理論。

所謂「無情有性」，主要指不但有情衆生悉有佛性，而且連墻壁瓦石等無情物也悉有佛性。湛然的「無情有性」理論集中體現在《金剛錍》中，因此，擬先對《金剛錍》作一全面的剖析。

第一節　《金剛錍》中「無情有性」論

「金剛錍」者，原是醫治眼疾之手術刀，湛然此論以「金剛錍」爲名，意謂此論有如醫治眼疾之金剛錍，可以幫助人們認識無情也有佛性的道理，此誠如湛然在文章一開頭所說的：「圓伊金錍，以抉四眼無明之膜，令一切處悉見遮那佛性❶。」

湛然所以要造此論，據說主要是針對自唐初以來盛極一時並嚴重地「擠招」了天台學的華嚴宗。華嚴宗的一個基本觀點，就是在主張一切衆生悉有佛性，同時，反對無情也有佛性。湛然此論以華嚴宗的思想爲假設之論敵，但又沒有指名道姓，明指華嚴，而是通過「假夢寄客，立以賓主」，卽藉夢中囈語，以答客間的形式來闡述「無情有性」思想。

　　文章一開始，湛然就開宗明義地指出，佛性問題乃是佛敎之最基本的問題——「大敎斯立，功在於玆」，所以他「自濫沾釋典，……未嘗不以佛性義爲經懷」。對於衆生悉有佛性問題，中土佛敎界自南北朝以來，多數思想家和佛敎宗派都作肯定的回答，對此，他無須再加贅述。但是，對於無情佛性問題，前人及許多佛敎經典非但很少語及，而且不少經典對此持否定的說法。因此，當《金剛錍》中之「野客」一聽到湛然立「無情有性」之論時，頗感詫異，並說：「僕忝尋釋敎，薄究根源，盛演斯宗，豈過雙林最後極唱究竟之談，而云佛性非謂無情，仁何獨言無情有耶？」鑒於這種情況，湛然在《金剛錍》中多視角、多層次地對此問題展開全面、系統的探討，從各個方面進行詳細、深入的論證：

一、佛性猶如虛空，「虛空何所不收，安棄墻壁瓦石」？

　　爲了論證「無情有性」，湛然首先引用了《涅槃經‧迦葉品》的「衆生佛性猶如虛空，非內非外」一說，指出：「虛空何所不收」、「何所不該」、「安棄墻壁瓦石等耶」。意謂旣然佛性猶如虛空，虛空是無所不包的，墻壁瓦石等無情物又安能例外？！湛然此舉意在以經證義——旣然《涅槃經》明言佛性如虛空，而虛空之遍在乃是佛界之共識，由之可以合乎邏輯地推出墻壁瓦石等無情物也有佛性。此外，湛然還藉助於天台宗空、假、中三諦圓融無礙的理論及天台師祖的有關說法，對「無情有性」說加以論證。例如，在《大涅槃經疏》中，他說：

　　　章安（灌頂）依經具知佛性遍一切處，而未肯彰言，以爲

對人尚未信有，安示其遍？佛性既具空等三義，卽三諦，
是則一切諸法無非三諦，無非佛性。若不爾者，如何得云
衆生身中有於虛空？衆生既有，餘處豈無？餘處若無，不
名虛空，思之思之❷。

此謂佛性之遍在，章安灌頂早已知之，只是在當時有些人甚
至對衆生悉有佛性都持懷疑態度，又如何去談佛性遍在？所以，
未曾明言。但是，佛性既然具有空義，按照天台宗的理論，空、
假、中三諦是相卽互融的，說空，卽假、卽中，世上一切諸法無
非空、假、中三諦。既然人們承認人生悉有佛性，有情衆生以外
諸法豈可沒有佛性？如果衆生以外諸法沒有佛性，那麼，佛性不
得名爲虛空——因爲虛空是遍在的。

據《金剛錍》記載，湛然的虛空之談頗使「野客」信服，在
聽了湛然的一番議論之後，「野客」說道：

今亦初知仁所立理，只是一一有情心遍性遍，心具性具猶
如虛空，彼彼無礙彼彼各遍，身土因果無所增減，故《法
華》云世間相常住。世間之言凡聖因果依正攝盡。

二、三因互具，無情也具緣、了二因

一般地說，非內非外之虛空是指理性正因。湛然在論證了虛
空佛性之後，從理論上說，只證明了無情物具有理性正因；但
是，按照佛教的佛性理論，要成佛，僅有正因是不夠的，還必須
緣、了具足，因此，《金剛錍》中引用了《涅槃經·迦葉品》中

大迦葉以「權智斷果果上緣了悉皆是有」以難佛陀，稱「眾生佛性猶如虛空」之喻「法喻不齊」。此外，論中「野客」在聽了湛然的多番論證之後，也對無情具正因佛性表示理解，但對緣、了也具佛性則還存有疑惑，曰：「仁善分別實壞重疑，信一切法皆正因性，而云正中三因種遍修遍果遍，又云一塵一心即一切生佛心性，情猶未決。」對此湛然進行了詳細的論述。

所謂緣、了二因，按照佛教的傳統說法，般若觀照是了因，五度功德是緣因。天台智者大師盛闡三因佛性，對三因的說法很多❸，但最多的是以空說正因，以假說緣因，以空說了因，並且以「三因互具」的理論，提出「性具善惡」的理論。湛然繼承了智顗「三因互具」的思想，認為正因與緣、了二因並非楚漢懸隔，而是相即互具的。從「即空即假即中」的理論出發，無情既然具有正因佛性，自然也具有緣、了二因，不識此理，就不懂得「三諦圓融」，不懂得「三因互具」，「不達修性三因離合，不思生佛無差之旨」。

其次，為了消解「野客」之疑惑，湛然廣設四十六問，從各個角度反覆闡述了理性正因既具佛性，緣、了二因也必然具有佛性，並說如果能懂得其中任何一問，則「眾滯自消」。既然如此，不妨撮其一問，以窺其大意。

問：佛性之名從因從果？從因非佛，果不名性。

此是四十六問中之第一問，應該說是比較重要的。此問的意思是說，佛性是非因非果的，從因從果都不名佛性。從因則非佛，因為佛是果德圓滿的；從果則不應再名性——因為性多是指

成果之可能性而言。

湛然這樣設問的目的何在呢？或者說，這樣設問為了說明什麼問題呢？這應該從更深的層次去探討。

可以說，湛然因果之間的更深刻的含義，是指「無情有性」的「有性」，不能從緣了具足、因圓果滿的角度去理解，如果是指因圓果滿，「此乃佛有眾生之性，不名眾生有佛性也」。所謂無情「有性」：

> 此全是理性三因未曾加行，故性緣了同名正因，故云眾生皆有正性。既信己心有此性已，次示此性非內外、遍虛空，同諸佛、等法界。既信遍已，次示遍具。既同諸佛等於法界，故此遍性具諸佛之身。

此說對於理解湛然所謂「無情有性」思想至為重要。也就是說，所謂「無情有性」，是從「性具」的角度，不是從因圓果滿的角度說，或者說，是具有佛性，並非即是性佛。對於這種說法，《金剛錍》中的「野客」也恍然大悟，曰：

> 僕初聞之，乃謂一草一木，一礫一塵，各一佛性，各一因果具足緣了。若其然者，僕實不忍。何者？草木有生有滅，塵礫隨劫有無，豈唯不能修因得果，亦乃佛性有滅有生，世皆謂此以為無情，故曰無情不應有性。僕乃誤以世所傳習難仁至理失之甚矣。

「野客」此說大意是說，我剛聽到你立「無情有性」說時，

以爲指一草一木，一塵一礫，都是因緣具足、果德圓滿之性佛，如果這樣說，則很難理解、很難接受。因爲草木有生有滅，塵礫隨時變遷，這些無情物非但不能修因得果，卽便退一步說，能修因得果，那它們也都是生滅無常的，而佛豈是生滅無常的。因此說無情不應有性。我就是以世上所誤解的那種看法去反駁你的「無情有性」說，這與你立論的旨趣離得太遠了。

三、教有大小、權實之分，無性之談是小宗，有性之說是大教

從教之大小、權實、究竟義方便說角度去談「無情」的有性、無性，這是湛然《金剛錍》「無情有性」論的一個重要方面。在《金剛錍》中，當「野客」說及有些佛經明言佛性非謂無情，你何故獨言無情也有佛性時，湛然答道：「古人尚云一闡提無，云無情無，未足可怪。然以教分大小其言碩乖，若云無情卽不應云有性，若云有性卽不合云無情。」此謂不同的佛教經典或不同的佛教宗派、不同的佛教思想家對於佛性問題的說法是不盡相同的，有些佛教經典、有些佛教思想家甚至主張一闡提人沒有佛性，對於這些人來說，說無情無性又何足爲怪呢？但是應該懂得，教有大小權實之分。大乘教與小乘教的佛性說是很不相同的，對於小乘教言，「但佛一人有佛性，餘一切人皆不說有」❹，「於此教中除佛一人，餘一切衆生皆不說有大菩提性」❺，卽便是大乘教，對於佛性問題的看法、說法也不完全相同。例如，在大乘始教看來，「決定有無性衆生」，明確主張有一部分人不具有佛性，不能成佛。另外，就佛教經典而論，各種佛教經論對於佛性的說法也各各不一。例如，《涅槃經》、《法華經》等一乘教經

典，是明確主張一切衆生悉有佛性的，但是像《瑜伽師地論》、
《佛地經論》、《顯揚聖教論》等經典則主張有無性有情❻。再
者，即便同一部佛教經典，對於佛性問題的說法也並非全然統一
，例如，同一部《涅槃經》，其「佛性之言，不唯一種，如《迦
葉品》下文云：言佛性者，所謂十力無畏、不共大悲三念三十二
相八十種好，子何不引此文，令一切衆生亦無，何獨瓦石」，因
此，對於「無情有性」問題，也應該像對待衆生有無佛性問題一
樣，不可籠而統之、一概而論，而首先應該分清大小權實，亦
即，哪是大乘教，哪是小乘語，哪是眞實義，哪是權便說，只有
這樣，才不會以權責實，以方便說代替究竟義。「故知不曉大小
教門名體同異，此是學釋者之大患也。」

　　對於大乘教中的「有性」、「無性」說，湛然以「實教」
「權教」、「實說」、「權說」區分之。若整個教派都主張「無情
無性」甚至「一分無性」，則稱之為「權教」；如果某個教派或某
部經典中只是部分說及「無性」或時而說「有性」，時而說「無
性」，湛然則稱之為「權說」或「以實帶權」。例如，對於《涅
槃經》，湛然就認為是「帶權門說」。而「權教」、「實教」或
「權說」、「實說」的重要差別之一，就是一個主張緣、了二因
具有佛性，一個主張緣、了二因不具佛性。那麼，「何故權教不
說緣了二因遍耶？」——《金剛錍》中的「野客」不解地問。湛
然答道：

　　衆生無始計我我所，從所計示未應說遍。《涅槃經》中帶
　　權說實，故得以空譬正，未譬緣了。若教一向權則三因俱
　　局，如別初心聞正亦局，藏性理性一切俱然，所以博地聞

無情無，依迷示迷云能造是，附權立性云所造非。

這是說，人們長期以來一直執著於「我」及「我所」（包括「無情」、「有情」之分），考慮到這一情況，故佛就隨機攝化，沒有直接說佛性遍一切有情乃至無情，《涅槃經》就是「帶權說實」，所以以虛空譬正因佛性，未言及緣、了也具佛性。如果是權教，則三因俱不言具有佛性，甚至於連如來藏性、理性正因也被否認，所以大談「無情」沒有佛性。有些佛教經典就是根據眾生的根機，而只說有情識的眾生具有佛性，作權便說而立所造的無情物沒有佛性。湛然這段話的意思是要說明，所謂「無情無性」，只是為了隨機攝化的權便之談，究竟而論，佛性遍一切有情、無情。

四、教有藏、通、別、圓，圓人主九界三道咸有佛性

除了以大小權實論證「無情有性」是大乘教、真實義外，湛然還以天台宗藏、通、別、圓四教說來談「無情有性」，認為只有天台宗及它所依據的《法華經》的圓教才能真正懂得「無情有性」之圓理。他應「野客」之請，闡述「無情有性」與「化法四教」的關係，曰：

> 自《法華》前藏通三乘俱未稟性，二乘怖教，菩薩不行，別人初心教權理實，以教權故所稟未周，故此七人可云無情，不云有性。圓人始末知理不二，心外無境誰情無情，《法華》會中一切不隔，草木與地四微何殊？舉足修途皆趣寶渚，彈指合掌咸成佛因，與一許三無乖先志，豈至今

日云無情無？

　　按照湛然這一說法，藏通三乘乃至別教菩薩或未稟性，或稟性未周，故不懂得「無情有性」的道理，只有天台宗及其所依據的《法華》圓教，才眞正懂得心色、能所、有情無情等二而不二的道理，所以，《法華經》中盛唱三乘作佛，天台教中，始談「無情有性」。

　　至於天台教之圓理，湛然主要以「體具」說之。他認爲，圓教所以說佛性遍在，主要是因爲「無始來心體本遍」，由心性遍故說佛體遍。但是圓教之前的藏、通、別教，都不識得「體具」的道理，因此，或言有衆生無性，或言只有斷盡九界方能見佛性，只有天台之圓教，能夠「圓見事理一念具足」，「卽達九界三道，卽見圓伊三德體遍」。

五、一切唯心，色卽是心，故一切無情色皆具佛性

　　《金剛錍》還從心色、能所角度深入論證了「無情有性」說。湛然認爲：

> 若不立唯心一切大教全爲無用，若不許心具圓頓之理乃成徒施。信唯心具，復疑有無，則疑己心之有無也。故知一塵一心卽一切生佛之心性，何獨自心之有無耶？

此謂「一切唯心」乃是佛教的最根本的思想，而「心具」說則是圓頓理論的主要特點，放棄或否認這兩個思想，不但佛教全爲無用，圓頓之教也成爲一紙空文。如果一方面承認「唯心」、「心

具」理論，另一方面又懷疑世上有某些事物不具有佛性，這實際
上就是在懷疑自己之心究竟是否存在。既然世上一塵一心卽一切
生佛之心性，又何獨獨懷疑己心之有無呢？湛然這一番議論的
思想核心是建立在天台的「性具實相論」基礎上的。「性具實相
論」的基本觀點之一，就是認爲世上一切諸法（包括衆生諸佛、
心之與色、有情無情等）都是實相的體現，實相具諸法，諸法具
實相，諸法之間也都相卽互具，心色亦然。既然如此，無情色何
以不具佛之心性呢？

　　對於「唯心」之「心」，當時佛敎界有一種看法，認爲主要
是指「眞心」，這一點，華嚴宗表現得特別突出。《金剛錍》既
然是以華嚴宗思想爲假設之論敵，因此，湛然也在《金剛錍》對
「眞心」說加以駁斥，曰：

> 又云遍者，以由煩惱心性體遍云佛性遍，故知不識佛性遍
> 者，良由不知煩惱性遍故。唯心之言豈唯眞心？子尚不知
> 煩惱心遍，安能了知生死色遍？色何以遍？色卽心故。何
> 者？依報共造正報別造，豈信共遍不信別遍耶？能造所造
> 旣是唯心，心體不可局方所故，所以十方佛土皆有衆生理
> 性心種。

此說論點非常鮮明，卽認爲所謂「佛性遍在」，乃是指「煩惱心」
遍在，並非純指「清淨眞心」遍在，所以不懂佛性遍在的根本原
因，乃在於不懂得「煩惱心」遍在。「唯心」之「心」，並非純
指眞心，同時也指妄心、煩惱心。如果連「唯心」之「心」也指
「煩惱心」、「煩惱心」也同「眞心」一樣遍在這一點都不懂，

這又怎麼能懂得生死色也遍在的道理呢？至於為什麼說「煩惱心」
也遍在？湛然以共造別造、能造所造說明之。所謂「正報」，乃
指由過去業所受我之心身，「依報」者，即是我心身所依止之一
切世間事物❼。湛然認為，不能只承認共造依報遍在，而否認別
造正報亦遍在；既然能造所造都不離「心」，心體是不可固定於
某一方所的，所以說十方國土，都具有眾生理性心種。湛然這一
番論述從思想路數說，可分為兩步，一是通過對「真心」說的駁
斥，指出「唯心」之「心」應當包括「煩惱心」；二是進一步指
出能造所造、有情無情都是「唯心」，因此十方國土、一切無情
也都有佛性。

　　對於佛教的「唯心」說，湛然還通過一連串的反問，藉以說
明所謂「唯心」，非但不是純指「真心」，而且從「一切唯心」
推演出「一切唯色」，他說：

> 唯心之言子曾聞耶？唯只是心，異不名唯；唯心之言凡聖
> 心耶？若凡若聖二俱有過。唯心名心造無心耶？唯造心耶
> ？二俱有過。唯心唯心亦唯色耶？若不唯色，色非心耶？
> 唯心所造，唯依與正，依正能所同耶異耶？

這段話的意思是說，所謂「唯心」，亦即一切唯心，無物能逃其
間，無物與「心」相異；「唯心」既非純指「聖心」，亦非單指
「凡心」，把「心」只偏限於凡、聖二心，都是一種錯誤的看法
；「唯心」所言之心造一切法，是指心造無心識的無情物呢？還
是指心造有情識的有情物？這兩種看法都是錯誤的；所謂「一切
唯心」，亦「一切唯色」嗎？如果不能說「一切唯色」，豈不是

說色非心嗎！此中的一個最核心，同時也是對後來的天台學產生深刻影響的思想，就是「一切唯色」。而「一切唯色」的理論基礎，即是天台學最富特色的「性具」說，亦即心之與色，乃是相即互具的，心既具色，色亦具心，心即是色，色即是心。

　　傳統佛教所以多持無情無性的看法，其中的一個重要原因，是把「心」之與「色」隔裂開來，把「心」歸諸有情，把「色」歸諸無情。湛然進一步問道：「無情是色，法界處色爲亦無耶？爲復有耶？」也就是說，如果把「色」歸諸無情，那麼「法界」中的「色」爲是有情？爲復無情？爲是有性？爲復無性？至於有人以「色會敗壞」爲由，倡「無情」不應該有佛性，湛然反問道：「無情敗壞故無性者，陰亦敗壞性亦然耶？」也就是說，「色」會敗壞就主張無情沒有佛性，那麼，眾生乃五蘊和合而成的，此中之「色」亦無性嗎？

六、眞如隨緣即佛性隨緣，言無情無性者，豈非萬法無眞如？

　　湛然在《金剛錍》中駁斥「無情無性」說時所依據的另一個理論，就是《大乘起信論》中的眞如具有不變、隨緣二義的思想。湛然認爲倡眞如具有隨緣、不變二義者是大敎，反對眞如有隨緣義者屬小宗，他說：

　　　　若分大小，則隨緣不變之說出自大敎，木石無心之語生於
　　　　小宗。子欲執小道而抗大達者其猶螳螂乎？何殊井蛙乎？
　　　　故子應知，萬法是眞如，由不變故；眞如是萬法，由隨緣
　　　　故。子信無情無佛性者，豈非萬法無眞如耶？故萬法之稱

> 寧隔於纖塵，真如之體何專於彼我？……若許隨緣不變，
> 復云無情有無，豈非自語相違耶？

湛然此說是有針對性的。第一針對主張眞如無隨緣義的大乘始
教，即唯識宗。唯識宗的基本思想是阿賴耶識緣起論，即認爲一
切諸法都是由阿賴耶識緣起變現的，眞如是無爲法，只有不變
義，沒有隨緣義。這種說法後來人們稱之爲「凝然眞如」；湛然
認爲這種看法非出於大教，而是屬於小宗，以這種看法來與眞如
隨緣說對抗，無異於捨康莊而入荊棘、執小道而抗大達。此外，
湛然這一說法還針對華嚴宗。華嚴宗以《大乘起信論》爲依據，
主張眞如不但具有不變義，而且具有隨緣義。但是華嚴宗又認爲
無情沒有佛性。在湛然看來，這種說法是自相矛盾的。因爲旣然
主張眞如具有隨緣義，那麼萬法就都是眞如的變現；而眞如是佛
性之異名，這又是佛界之共識。由此應該合乎邏輯地得出結論，
萬法都具有佛性。但是，華嚴宗旣主張眞如具有隨緣義，又認爲
無情沒有佛性，這無疑是自相矛盾的說法。

除了以隨緣義駁斥「無情無性」外，湛然還以不變義駁斥無
性說。他說：「眞如隨緣隨已與眞爲同異耶？爲永隨耶？」意思
是說，眞如隨緣以後，與本來之眞如是同是異？若是異，則是變
了而不是不變，如果是同，又爲什麼沒有佛性呢？湛然以水與波
爲喻，進一步闡述了旣隨緣又不變的思想：

> 是則無有無波之水，未有不濕之波。在濕詎間於混澄，爲
> 波自分於清濁。雖有清有濁，而一性無殊。……若唯從
> 理，只可云水本無波，不必得云波中無水。……無情有無

例之可見。

此謂世上無有無波之水，未有不濕之波；在波雖有清濁之分，於
濕豈有混澄之別。雖有清濁，而一性無殊。萬物與真如的關係也
是這樣，雖隨緣而有諸法 ，而諸法都無非真如 ，何以故？不變
故。

七、無佛性之法性，客在小宗，卽法性之佛性，方曰大教

當論中「野客」聽了湛然的波水之喩後，對於「無情有性」
已有所理解，但對於有些經論中把法性與佛性相互分開的做法還
存有疑慮，故「跪而諮曰」：「僕曾聞人引《大智度論》，云真
如在無情中但名法性，在有情內方名佛性，仁何故立佛性之名？」
此謂《大智度論》把佛性與法性分別開來，真如在無情但名法性
而不名佛性，只有在有情內才名爲佛性，你爲什麼於無情中立佛
性名？對此，湛然答道：

> 親曾委讀細撿論文，都無此説，或恐謬引章疏之言，世共
> 傳之，泛爲通之，此乃迷名而不知義。法名不覺，佛名爲
> 覺，衆生雖本有不覺之理，而未曾有覺不覺智，故且分之
> 令覺不覺，豈覺不覺不覺猶不覺耶？反謂所覺離能覺耶？

從這段話看，湛然確是飽讀佛教經論的，因此才能不客氣地回敬
道：我曾親自精讀細撿《大智度論》，論中並沒有在無情但名法
性、在有情方名佛性的說法，你剛才所說的恐怕是世人誤引某些
章疏之言，而以訛傳訛吧！實際上，這一說法本身也是迷名而不

知義。佛教中之所謂「法」者，多就不覺而言，而所謂「佛」者，即是覺義。就芸芸衆生說，雖然本來有不覺之理，而未曾有覺不覺之智，所以才分開而談，令覺者覺不覺；豈能因爲令覺者覺不覺，反而得出結論說，不覺者永遠不覺嗎？反而說所覺之衆生離能覺之佛嗎？

聽了這番議論之後，「野客」趁勢問道：照你剛才的說法，所謂佛者，只有覺悟了之後才是，芸芸衆生既是不覺，說他們之離能覺又有什麼過錯呢？湛然答道：

> 子爲學佛？爲學凡耶？理本無殊，凡謂之離。故云衆生令
> 覺不覺，故覺不覺自會一如。故知覺無不覺不名佛性。不
> 覺無覺法性不成，覺無不覺佛性寧立？是則無佛性之法，
> 客在小宗，即法性之佛性，方曰大敎。

這段話的中心意思是說，就理而言，衆生與佛，本來無殊，覺與不覺，自會一如。所謂覺與不覺，本是相對而立，相依而立，離開了覺，無所謂不覺，反之亦然。因此，只有不覺而無覺，法性不成，只有覺而無不覺，佛性寧立？所以說，無佛性之法性，這是小宗之談；即法性之佛性，方是大敎之論。接著，湛然以諸經論爲例，反問道：

> 諸經論中，法界、實際、實相、真性等，爲同法性在無情
> 中？爲同真如分爲兩派？若同真如，諸敎不見無情法界及
> 實際等。若在無情但名法性非佛性者，何故《華嚴》須彌

山頂偈贊云：「了知一切法，自性無所有，若能如是解，
則見盧舍那。」豈非諸法本有舍那之性耶？又云：「法性
本空寂，無取亦無見，性空即是佛，不可得思量。」又精
進慧云：「法性本清淨，如空無有相，此亦無所修，能
見大牟尼。」豈於無性又云無修能見牟尼？又真實慧云：
「一切法無相，是則真佛體。」旣真佛體在一切法，請子
思之，當免迷敎，及迷佛性之進否也。

此謂諸經論中所說的法界、實相、實際、眞性等等，究竟是法性
同在無情之中，抑是把同一眞如分爲有情無情兩派？如果是把同
一眞如分成有情無情兩派，諸經論中爲何沒有無情法界、無情實
際等說法？進一步說，如果說在無情物中但名法性不名佛性，何
故《華嚴經》說諸法本有舍那之性？又爲什麼說「性空即是佛」
呢？難道「性空」是指有情而非無情嗎？再者，諸如法性本來清淨
無相，卻能無修見於牟尼；法性無相卻又是眞佛之體等說法，
豈不是明言佛體遍一切處嗎？你何故說言「無情無性」呢?!最
後，湛然得出結論，曰：「故知法性之名不專在無情中之眞如
也。」世人所以不懂得這個道理，是因爲不懂得佛性、法性名異
體一的緣故。正是基於這一點，諸大乘經多言佛性遍一切處、一
切法，如：「《華嚴》中依正不二，《普賢》普眼三無差別，
《大集》染淨一切融通，《淨名》不思議毛孔含納，《思盆》網
明無非法界，《船若》諸法混同無二，《法華》本末實相皆如，
《涅槃》唯防象末謬執，分正緣了別指方隅。」

　　當然，湛然也沒有全然否認各種稱謂之間的差別，他認爲，
以上諸種稱謂「雖體同不無小異」，這種差異主要表現在，凡有

「性」之名者，多就理上言，指凡界，如佛性、理性、真性、藏
性、實性等等；凡無「性」之名者，多通凡聖因果事理，如法界、
實相等；也有一類，如三昧陀羅尼波羅蜜等，則專就果而言。所
以言「無情有性」者，並非專就智斷果上立言，而是指佛之體
性、理性遍在。

八、真如即佛性之異名，真如遍在故，佛性亦遍在

湛然倡「無情有性」的另一個重要理論根據，就是真如遍在
的理論。

對於真如遍在，佛教界幾無異議，因此，湛然在這個問題所
要做的工作，就是如何把真如與佛性直接掛起鉤來。他首先轉引
了《佛性論》的一句話：「佛性者，即人法二空所顯真如。」緊接
著就論述佛性與真如是「體一名異」、「當知真如即佛性異名」。
從理論上說，當湛然論證了佛性與真如「體一名異」後，「無情
有性」已是合乎邏輯的結論──因為真如遍在是佛界之共識，既
然真如遍在，而佛性又是真如之別名，那麼佛性之遍在當是順理
成章的。加之，湛然在整部《金剛錍》中多是就理性、因性的角
度談「無情有性」的，這就更說明其所立說是言之成理的。

實際上，把佛性視為真如之異名，並非始自湛然。湛然以前
的許多佛教思想家都有這種思想，例如作為天台宗創始人的智者
大師就多次言及佛性之種種異名。在《法華玄義》，智顗說：

> 其一法者，所謂「實相」。實相之相，無相不相。又此實
> 相，諸佛得法，故稱「妙有」；實相非二邊之有，故名畢
> 竟空；空理湛然，非一非異，故名「如如」；實相寂滅，

故名「涅槃」；覺了不空，故名「虛空」；佛性多所含受，故名「如來藏」；不依於有，亦不附無，故名「中道」；最上無過，故名「第一義諦」❽。

與智顗約略同時之三論宗創始人吉藏法師也屢屢言及「眞如」乃佛性之異名。在《大乘玄論》中，吉藏指出：

經中有明佛性、法性、真如、實際等，並是佛性之異名。佛性有種種名，於一佛性亦名法性、涅槃，亦名般若、一乘，亦名「首楞嚴三昧」、「獅子吼三昧」，故名「大聖隨緣善巧」，於諸經中說名不同❾。

確實，在各種佛教經論中，佛性的說法很多，如在《涅槃經》中名爲「佛性」；於《勝鬘經》中名爲「如來藏自性清淨心」；於《楞嚴經》中名爲首楞嚴三昧；於《楞伽經》中名爲「八識」；於《法華經》中名爲「一乘」；於《大品》中名爲「般若法性」；於《維摩詰經》中名爲「無住實際」等等。

這裡碰到一個問題，既然諸經中早已言及眞如、實際等乃佛性之異名，以前的不少佛教思想家也早已看到這一點，並明確指出過，爲什麼直到湛然才把「無情有性」作爲一種重要的佛性理論，獨立地提出來？這是一個牽涉到諸如時代背景、中國佛教佛性理論的發展趨勢的重要問題，我們將留待本章的第三節進行論述，於此不贅。

九、佛之法身遍在，何獨無情無耶？

　　在對「野客」的「四十六詰難」中，湛然還以佛「三身」說論證「無情有性」的理論。他問道：「衆生有性唯應身性？亦法身性耶？亦報身性耶？」此謂人們常說一切衆生悉有佛性，此佛性是單指應身之性呢？抑也包括法身性、報身性？如果僅指應身之性，這顯然違背佛教有關「三身」相互關係的說法；如果亦包括法身性、報身性，那麼，法身之遍在乃是佛教之常識，何以把一部分衆生排除在外？對於無情界亦然，如果所謂有性亦指法身、報身之性，那麼，法身之性亦遍一切無情。湛然這一思想在《止觀輔行傳弘訣》中有較深入的論述，此不贅。

十、一念理具三千，諸法當體實相，無情豈無佛性

　　如果說眞如、虛空之論，湛然主要運用佛教的一些基本理論去駁斥無情無性說，那麼，「一念理具三千」說，則是運用天台自家的「性具實相論」去闡述「無情有性」。

　　所謂「性具實相說」，亦卽指實相具諸法、諸法具實相、諸法之間又相卽互具。湛然根據這一理論，指出：

> 一家所立不思議境於一念中理具三千，故曰：念中具有因果凡聖大小依正自他，故所變處無非三千。而此三千是中理，不當有無自爾。何以故？俱實相故。實相法爾具足諸法，諸法法爾性本無生，故雖三千有而不有，共而不雜，離而不分，雖一一遍亦無所在。

這是把智顗的「介爾有心，卽具三千」說同實相理論聯繫起來，亦卽一念心中所本具的三千諸法，本來就都是實相的體現。具體

地說，就是，實相都是通過諸法來體現的（「實相必諸法」），諸法又體現爲「十如是」（「諸法必十如」），此「十如」❿與「十界」及「三種世間」又都相即互具（「十如必十界，十界必身土」），這樣，三千世間中的任一諸法，就都是實相的具體表現。既然三千世間中的任一諸法（其中也包括「器世間」）都是實相的的體現，而實相乃是佛性之異名，那麼，怎麼能說無情無性呢?!

　　總之，在《金剛錍》中，湛然之論證「無情有性」，眞可謂不遺餘力。不論是傳統的佛教學說，還是天台自家的圓融理論，幾乎都被湛然調動起來了。經過多層次、多角度的剖析、論證，他最後的結論是：主張無情無佛性者，是小宗、是權便說，主張「無情有性」者，是大敎、是眞實義。他甚至說：

> 云諸法是無情者，則有二種不如外道。外道尚云我大色小
> 我遍虛空；又外道猶計衆塵所成，亦不直云無情而已。又
> 有二種不如小乘。小乘尚云猶業力造，造遍三界；又小乘
> 猶知諸法無常，亦不直云無情而已。又有二種不如共乘。
> 共乘尚知造心幻化幻遍三界；又知諸法體性即眞。

也就是說，無情無性說，不但不是大敎、眞實義，而且連共乘、小乘、外道都不如，因爲共乘還知道幻化之心遍滿三界以及諸法體性即眞的道理；而小乘也知道業力所造遍滿三界及諸法的無常；至於外道，也都承認大我遍滿虛空並沒有把「衆塵」排除在外。主張無情無性者爲什麼偏偏要把無情物排除在佛性之外呢?!

第二節 《止觀輔行傳弘訣》之論「無情有性」

除了《金剛錍》外，湛然在很多著述中都語及「無情有性」問題，如《止觀義例》、《十不二門》、《止觀輔行傳弘訣》等。其中，以《止觀輔行傳弘訣》中的論述較爲系統。在這部著作中，湛然從智顗的「一色一香，無非中道」的思想入手，指出，世人都把「色」、「香」等視作無情物，同時也多贊同「一色一香，無非中道」的看法，但是，一談到「無情」也有佛性，就都感到「惑耳驚心」，這在邏輯上是自相矛盾的 —— 既然「色」、「香」等均屬無情物，而「色」、「香」又都是「中道」，而「中道」即佛性乃是佛界之共識，怎麼能說無情沒有佛性呢！之後，他從十個方面對「無情有性」進行了詳細的論述：

> 一者約身。言佛性者，應具三身，不可獨云有應身性；若具三身，法身許遍，何隔無情❶？

這是從法、應、報三身的相互關係來論述無情也有佛性，意思是說，所謂佛性，都應該具有法、應、報三身之性，不可只把佛性侷限於應身，而如果承認佛性應具法、應、報三身之性，法身是恒常遍在的，怎麼能把無情物排除在外呢？

從邏輯上說，這一說法是不夠嚴密的，因爲主張無情沒有佛性者可以提出這樣一個說法，即所謂「無情無性」，是指無情沒有應、報二身之性，並非指無情沒有法身之性。爲了塔塞這一漏

洞，湛然進一步論證道：

> 二者從體。三身相即無暫離時，既許法身遍一切處，報應
> 未嘗離於法身，況法身與二身常在，故知三身遍於諸法，
> 何獨法身？法身若遍，尚具三身，何獨法身？

此謂法、應、報三身並非殊絕懸隔，而是同體而不二，相即而無
暫離。既許法身遍一切處，報、應二身自然也遍一切處（包括一
切無情物）。怎麼能說無情沒有佛性呢？

> 三約事理。從事則分情與無情；從理則無情情非別。是故
> 情具，無情亦然。

這是從理之與事兩個方面去談「無情」的有無佛性問題。這一說
法印證了我們在《金剛錍》中對湛然有關思想的剖析，亦即，湛
然所說的「無情有性」，主要是就因位的理性而言，並非指因圓
果滿之「性佛」。因為如果就「事」而言，湛然本人也主張「無
情」與「有情」是有區別的，但就「理」而言，二者無差。故有
情有佛性，無情亦然。

> 四者約土。從迷情故分於依正，從理智故依即是正，如常
> 寂光即法身土，身土相稱何隔無情？

所謂「依正」，亦即「依報」、「正報」。「依報」者指眾生所
依住之國土（屬無情）；所謂「正報」，則有情眾生自身。湛然

認為，迷者嚴分依、正，視二者二體懸隔，而在智者看來，依正不二，依即是正，國土與法身是一而非二的，何獨隔於無情？對此，他在《十不二門》中有更詳盡的論述：

> 依正不二門者，已證遮那一體不二。良由無始一念三千。以三千中生陰二千為正，國土一千屬依，依正既居一心，一心豈分能所？雖無能所，依正宛然。……故淨穢之土勝劣之身，塵身與法身量同，塵國與寂光無異。是則一一塵刹一切刹，一一塵身一切身，廣狹勝劣難思議，淨穢方所無窮盡。

也就是說，三千世間本繫一念，同居一心，不能把「依」、「正」截然隔開。既然依正同屬一念、同居一心，又怎能再分何者為能造，何者為所造，何者是污穢國土，何者是清淨法身。按照天台宗之圓義，一一塵刹一切刹，一一塵身一切身，彼此理事互相收，情與無情本無二。

　　五約教證。教道說有情與非情，證道說故不可分二。

此謂就權便教示說，可分有情無情，但就究竟真實義言，則有情無情二而不二。「教道」、「證道」之談，說法很多，《十地論》釋「教道」為「說阿含義」，「證道」為「證入義」；《大乘義章》則稱「教道」是「上德下被」，「證道」是「實觀平等契如」。但天台宗對教證二道的說法頗繁，有以此判「今昔之權實」者，有以此釋「別教之教權證實」者，有「教證俱權」說，

還有「敎證俱實」說等等❷。湛然此處之敎證二道說，主要從權
便與眞實的角度立言。

　　六約眞俗。眞故體一，俗分有無。二而不二，思之可知。

眞俗之說乃佛敎之常談，亦卽從第一義諦說，一切諸法都是因緣
而生，均無自性、自體，或者說都因緣無自性、以空爲其體，因
此，有者無者，其體唯一；但如果從世俗諦角度說，世間萬象森
羅，「有」、「無」區別宛然。「無情」與「有情」的關係亦
然，二者是二而不二的，不必強分有無。

　　七約攝屬。一切萬法攝屬於心，心外無餘豈復甄隔。但云
有情，心體皆遍，豈隔草木，獨稱無情？

這是從「萬法唯心」的角度立論，旣然一切諸法盡歸諸心，心外
更無別物，何以更分有情無情；又，人們但云有情有性，有情乃
心體之所變現，但無情物難道不是心體之體現嗎？旣然心體遍一
切處，何以獨獨把無情之草木排除在外呢？在《十不二門》中，
湛然還從「心色不二」的角度對此進行更深入的論述，曰：

　　心色不二門者，且如十境乃至無諦，一一皆可總別二意，
　　總在一念，別分色心。何者？初十如中相唯在色，性唯在
　　心，體力作緣義兼色心，因果唯心，報唯約色，十二因緣
　　苦業兩兼……。旣知別已攝別入總，一切諸法無非心性，
　　一性無性三千宛然。當知心之色心卽心名變，變名爲造造

謂體用，是則非色非心而色而心，唯色唯心良由於此⓭。

湛然以「十如」、「四諦」、「十二因緣」等為例，說明一切諸法，分別而論，可分色之與心，但歸根到底，色也是心之變現，因此，「一切諸法無非心性」，從這個意義上說，色即是心，心即是色。在其它著作中，湛然還更進一步指出，人們但知萬法唯心，實際上，按照天台宗之圓義，不但一切唯心，亦乃一切唯色。既然如此，何獨把色歸諸無情？

　　八者因果。從因從迷，執異成隔；從果從悟，佛性恒同。

這是從因果、迷悟的角度去談佛性的有無，亦即不懂諸法「理一」、「體一」之道理的人，常著眼於現象界，因而強分有情無情、眾生與佛，實際上，一旦悟得「因果無殊，始終理一」，則眾生與佛、無情與有情，都是「二而不二，始終體一」⓮。

　　九者隨宜。四句分別，隨順悉檀。說益不同，且分二別。

所謂「四句分別」者，亦即分「空」之與「有」為「有而非空」、「空而非有」、「亦有亦空」、「非有非空」。此謂若分別而論，有「空」、「有」之殊，隨佛教真實義說，即空有不二，此誠如嘉祥吉藏所言：「若論涅槃，體絕百非，理絕四句⓯。」

　　十者隨教。三教云無，圓說遍有。又，淨名云：「眾生如故，一切法如。」如無佛性，理小教權。教權理實，亦非

◎今意。

這是從權便說、眞實義乃至「藏通別圓」四教說去談論「無情有
性」問題，亦卽一切權便之敎，都倡無情沒有佛性，此中包括天
台宗之外的「三藏敎」、「通敎」和華嚴宗爲代表的「別敎」，
唯有天台宗「圓敎」懂得佛性遍一切有情無情的眞實義。他以
《維摩詰經》中所說的「衆生如故，一切法如」爲論據，說明一
切諸法都是眞如佛性的體現，不可把無情除外。

　歸結以上十條，最後，湛然說：

　　　若論無情，何獨外色？內色亦然。故淨名云：「是身無
　　　知，如草木瓦礫。若論有情，何獨衆生？一切唯心。」是
　　　則一塵具足一切衆生佛性，亦具十方諸佛佛性。

湛然此說有點畫蛇添足，其「外色」、「內色」說至宋時成爲
山家、山外之爭的其中一重要問題。其所謂「外色」，實則指
「無情色」，其所謂「內色」，卽指「有情色」，也就是說，湛
然把「色」又分而爲二，一是「無情」之「色」，一是「有情」
之「色」。他一方面反對嚴分「有情」、「無情」，同時卻分「
色」爲內外，這給後來的天台學者造成歧議，以至於山家派竟出
現「獨頭色」之說法。當然，就湛然的本意說，此說多少帶有
「退一步說」的味道，意謂如果就覺知、覺性言，豈唯「無情」
之「色」沒有，有情衆生「五蘊」身中之「色」亦然；若論有
情，則豈僅僅偏限於衆生，三千世間、一切諸法，無不是心性之
變現，故一一塵利具足一切衆生佛性。其落點還是爲了說明不但

有情「色」有佛性，無情「色」亦同樣具有真如佛性。在《止觀義例》中，湛然對這一思想還有進一步的發揮：

> 四問：外無情色不與心俱，如何復能具足三德？而云三德遍一切處？
>
> 答：何但外色不與心俱，內身亦如草木瓦礫。若論具德，不獨內心。由心變故，謂內心外色。心非內外，故色無內外。而內而外，隨其心淨則佛土淨，隨佛土淨則智慧淨。……何獨云外色非心❶？

這段話的意思是說，具不具德與是否「與心俱」是兩碼事。就「不與心俱」言，豈止外色不與心俱，眾生五蘊身中之「內色」也不心俱；但就具不具德說，則不僅內心具，一切諸法皆具。只是從萬法由心變現的角度說，才稱之為「外色內心」，心本身並無內外之分，故色也沒有內外之別。心之與色，都是既內又外的，所以說隨其心淨則佛土淨，隨佛土淨則智慧淨。怎麼能說外色非心呢?!

　　湛然「無情有性」思想，遍及其許多著述之中，但就思想路數、理論觀點說，大體不出《金錍》十個方面和《輔行》十條，因此，我們把《十不二門》及《止觀義例》中的有關論點放到這裡一起闡述，旨在使其「無情有性」更加一眼了然。當然，了解其思想本身只是事情的一個方面，事情的另一個重要方面是應該懂得這種思想的歷史沿革及湛然在這方面的貢獻所在。

第三節 「無情有性」思想溯源及湛然倡「無情有性」論的意義

任何思想的發展都是一個過程，「無情有性」思想亦然。雖然這一思想至湛然才蔚爲大觀，但佛敎史上第一個提出「無情有性」者不是湛然。從中國佛敎思想史上看，晉宋之際的竺道生、隋淨影寺慧遠、三論宗創始人吉藏、天台宗的智者大師等，都早已有這種思想，更遠一點看，不少印度佛敎經論中也有這種思想，如《大寶積經》、《華嚴經》、《涅槃經》等等。

就印度佛敎經典說，《大寶積經》明言：「一切草木、樹林無心，可作如來身相，具足悉能說法❼。」《涅槃經》除了以無所不包的「虛空」說佛性外，還明確地說：「一切諸法悉有安樂性」；《華嚴經》主「淨心緣起」，把一切諸法歸結於「如來藏自性清淨心」，倡一花一世界，一葉一如來，也沒有把無情物排除在佛性之外。

與印度佛敎經典比，中國僧人之談「無情有性」就更多，並且隨著時間的推移而起來越明確和直截了當。

先看看晉宋之際竺道生的有關思想。

竺道生是中國佛敎史上第一個倡「一切衆生悉有佛性」的思想家，這一點在佛學界已無異議。實際上，如果深入到竺道生的思想內部，說竺道生是中國佛敎史上第一個主張「無情」也有佛性的思想家也會得到人們的認同。請看事實：

不妨先看看竺道生是如何給佛性下定義的。在竺道生的著作中，佛性大體有如下幾種含義（竺道生對於佛性的定義十分廣

泛,這裡只取其與「無情有性」思想有關的幾種說法):

一是體法爲佛,法是佛性,法卽佛。在《大般涅槃經集解》和《注維摩詰經》中,竺道生說:

> 以體法為佛,不可離法而有佛。若不離法有佛是法也,然則佛亦法矣⓲。

> 體法為佛,法卽佛矣⓳。

> 夫體法者,冥合自然,一切諸佛,莫不皆然,所以法為佛性也⓴。

意思是說,所謂佛者,卽在諸法之中,不離諸法而有,所謂體法,亦卽體證諸法,與諸法合一。這也不是別有一物去體證,而是法卽佛,體證者,亦卽返歸自然,與自然冥合之謂。竺道生的這幾段話,明確含有一切諸法(包括一切無情物)都有佛性的思想。

竺道生對佛性的另一種說法是:佛性、佛、法、法性、理、實相等,名異而實同。

在竺道生的著作中,「法」卽是「理」:「法者,理之實也」㉑;「法」卽「法性」:「法性者,法之本分也。……然則法與法性理一而名異,……故言同㉒。」就是說,一切諸法,無非是眞理之別名,是理體之表現;所謂法性,卽是法之本體,諸法是法性之外化,二者也名異而實同。此外,法卽佛,卽實相。眞如在宇宙本體曰實相,在如來法身曰佛。總之,「萬法雖殊,一如是同」,諸法也罷,佛性也罷,實相也罷,法性也罷,都是眞如的體現,名稱不一,實則不二。從這種思想出發,竺道生還

進一步倡「佛無淨土」、「法身無色」、「善不受報」諸說。這
些說法本身都明確主張無情諸法也都具有眞如佛性。

　　中國佛教史上主張無情也有佛性的另一位思想家是隋淨影寺
慧遠。在《大般涅槃經義記》中，慧遠把佛性分爲「能知性」和
「所知性」二種，他說：

> 一能知性，謂眞識心。此眞識心衆生有之，外法卽無。故
> 上說言佛性者謂衆生也。又妄心處有此眞心，無妄心處卽
> 無眞心。故上說言凡有心者悉有佛性。
> 二所知性，所謂有無非有無等一切法門。此通內外，不唯
> 在內。今此所論，約初言耳㉓。

慧遠的二性說，是以知性之眞識心釋《大般涅槃經》中所說的
「非佛性者，所謂一切墻壁瓦石無情之物」㉔，以通內外之「所
知性」釋《大般涅槃經》中所說的「眞空」、「中道」。亦卽就
「能知性」言，唯有有情衆生才有佛性，墻壁瓦石等無情物沒有
佛性。

　　元曉在《涅槃宗要》中也有與慧遠相類似的思想，但論述的
角度與慧遠不同。元曉以「報佛性」、「法佛性」談無情佛性的
有無問題。當有人問：《涅槃經》旣說墻壁瓦石等無情物非佛
性，又言佛性猶如虛空，非內六入非外六入，合內外故名爲中
道，若依後文瓦石等物則是佛性，如是相違，云何會通時，元曉
答道：

> 通者解云，若依有情無情異門，瓦石等物不名佛性；若就

　　唯識所變現門，內外無二合為佛性。……若前文為報佛
　　性，後所引文為法佛性。……亦不相違㉕。

此謂就報佛性說，瓦石等無情物非佛性，若約法佛性言，則佛性
遍一切有情無情。

　　較諸以上各位，三論宗創始人吉藏之談無情有性就更直截了
當了。在《大乘玄論》中，吉藏以理內理外、通門別門、所得人
無所得人等角度論述了有情眾生與無情草木的佛性有無問題。他
說，就理外說，「理外本無眾生，哪得問言理外眾生有佛性不？
……是故理外既無眾生，亦無佛性㉖」。若約理內，「不但眾生
有佛性，草木亦有佛性」㉗。當別人對他這種說法表示詫異時，
他說這是「希聞多怪」。之後，他引了許多經文及先前大德所說
為證，說明約理內說，草木也有佛性。例如，他引《大集經》所
說的「觀一切法，無非是菩提」，僧肇所說的「道遠乎哉？即物
而真，聖遠乎哉？體之即神」及《涅槃經》所說的「一切法悉有
安樂性」等文證後，說：「此明一切諸法，依正不二，以依正不
二故，眾生有佛性，則草木有佛性㉘。」「若眾生成佛時，一切
草木亦得成佛㉙。」在這裡，吉藏以依正不二來說草木有性──
因為草木與眾生互為依正，不是眾生僅屬正，草木只屬依，二者
是二而非二的，此是「通門明義」。「若論別門，則不得然，何
以故？明眾生有心迷，故有覺悟之理，草木無心，故不迷，寧得
有覺悟之義？」這是以有心無心，能不能覺悟說草木無心，無心
則不迷，不迷則無覺悟，無覺悟之性則無佛性。

　　另外，吉藏還從相反的角度論證了理內無眾生、無佛性，理
外有眾生、有佛性。並以「觀心望之，草木眾生豈復有異？」說

明有則俱有，無則俱無，亦有亦無，非有非無。其實，按照吉藏的思想立法，說理內理外、有無佛性並不是他的目的，他的目的是通過正反兩上方面的論證最終說明：「佛性非有非無，非理內非理外，是故若得悟，有無內外，平等無二，始可名為正因佛性❸。」對於有所執著的「有所得人」，不但《涅槃》中明言為佛性的「虛空」亦非佛性，佛性本身亦不是佛性。對於毫無執著之「無所得人」，則不但「空」為佛性，一切草木並是佛性。

　　湛然「無情有性」理論的另一個重要思想來源，則是天台宗創始人智者大師的「一色一香，無非中道」和「三因佛性」說。

　　「一色一香，無非中道」說遍及智顗的各種著述中，意思是說，世上任何一種事物，都是中道實相的體現——這是其實相說的展開。由此自然要得出一切諸法均有中道佛性的思想。如果說這種說法本身還沒有明言無情也有佛性，那麼，智顗的另一思想，即三因佛性說，則明確地認緣、了二因也具有佛性。所謂「緣因」，在天台宗的著作中，多是指諸法假相。此諸法假相當然包括草木等無情物。因此，「無情有性」是智顗以上思想的合乎邏輯的推演和發揮——湛然正是立足於智顗的有關思想基礎上，進一步發展出「無情有性」的理論。

　　這裡碰到一個問題——既然「無情有性」思想在印度佛教經論及中國歷史上許多佛教思想家都早已有之，為什麼到湛然時才被大加張揚？湛然又為什麼要在「無情有性」問題上大做文章？其大力鼓吹「無情有性」論甚而把它作為一面旗幟，究竟有什麼意義？要回答這幾個問題，筆者以為可以從如下幾個方面進行探討。

第一，從湛然所處的時代和湛然所擔負的歷史任務看：湛然

所處的時代，我們在本書的第一章已作過詳細論述，這裡不擬復述，若一言以蔽之，則中國佛教諸宗（特別是華嚴宗與禪宗）隆盛，而天台宗卻相對式微。而湛然所擔負的歷史任務——即「中興天台」，與其所處時代問題是聯繫在一起的。這兩個問題加在一起，迫使湛然必須提出一種不同於其它宗派的思想理論，或者說高出於其它宗派的思想理論。

第二，從中國佛教思想的發展過程看：中國佛教發展至李唐已臻極盛，就佛教核心問題的佛性理論說，華嚴宗和禪宗都把許多方面（如心性問題、眾生佛性問題）推到極致，繼續糾纏於心性或眾生悉有佛性，已沒有多大的發展餘地，如果在這些最根本的問題上去重複他人的老話，「中興」一說無異空談，因此，湛然必須另闢路徑，在眾生悉有佛性與心性之外去尋找一個更加廣闊的天地，而「無情有性」較諸「眾生悉有佛性」無疑把佛國的大門打得更開。

也許還有其它方面的考慮，但以上兩點無疑是湛然毅然打出「無情有性」旗幟的重要原因，至於「無情有性」思想在中國佛教思想史上究竟有什麼意義，對於「中興」天台宗究竟起到了什麼樣的作用，從現有的資料看，至少有幾點是值得注意的：

其一，從特定意義上言，「無情有性」論較諸「眾生有性」說，從佛性理論上說，無疑更加徹底，它在相當程度上是以真如本體論為依據，是以徹底的一元論為思想基礎。如果說，「眾生有性」說在有情眾生範圍內保持較徹底的一元論思想（相對於「一分無性論」說），那麼，一進入無情範圍，就暴露出它的侷限性來了，其一元論的思想就不得不中斷，而變有情、無情為二元；但「無情有性」論沒有這一缺陷，它不論在有情範圍，還是

在無情領域，都可以始終保持一元的思想體系。

其二，湛然在鼓吹「無情有性」思想時所做的大量論證，其核心論點之一，就是指「無情無性」說爲小宗、權便說，認「無情有性」論爲大教、究竟義。這就把天台宗的學說提到各宗之上，而不像以往的有些天台宗學者，甘居華嚴宗的「圓頓」之下。這對於提高天台宗的地位無疑是有利、有益的。

其三，「無情有性」論經湛然之提倡弘揚之後，在中國佛教史上留下重要的一筆，假若沒有湛然於「無情有性」上獨樹一幟，「無情有性」思想在中國佛教史上的地位，也許不會像現在這樣占有那麼重要的一席。

其四，湛然的「無情有性」思想對於李唐、五代之後的中國佛教界也產生深刻的影響。

第四節　湛然之後中國佛教界的「無情有性」思想

這一提法本身很容易使人聯想到後期禪宗。後期禪宗的思想與前期禪宗的思想在各個方面存在著很大的差別，這一點，無論學術界還是佛教界都是有目共睹的。但是，前後禪宗的思想差別究竟在何處，這則是一個見仁見智的問題。不過有一點是無可置疑的，即前後期禪宗在佛性理論上有著很大的歧異。如果說，前期禪宗曾經以「心即佛」在中國佛教史顯示出自身的特質，那麼，後期禪宗卻由此更進一步，由「心即佛」發展成「萬類之中，個個是佛」。

　　從一定意義上說，「心卽佛」在相當程度上就是主張有情衆
生都有佛性，而所謂「萬類之中，個個是佛」，則是認爲無情也
有佛性。這一點可以從前後期禪宗史料中得到證明。

　　以慧能、神會爲代表的前期禪宗，其佛性理論的最主要特點
是把一切歸諸自心自性，而這種自心自性又在相當程度上指有情
衆生當前現實之人心、人性。與這種佛性理論相聯繫，前期禪宗
常常把無情物排除在佛性之外。例如作爲慧能嫡傳的荷澤神會就
明確主張佛性遍一切有情，而不遍無情，他與牛頭山袁禪師曾有
一番問答：

　　　　問：佛性遍一切處否？
　　　　答曰：佛性遍一切有情，不遍一切無情。
　　　　問曰：先輩大德皆言道：「青青翠竹，盡是法身，鬱鬱黃
　　　　花，無非般若。」今禪師何故言道，佛性獨遍一切有情，
　　　　不遍一切無情？
　　　　答曰：豈將青青翠竹同於功德法身，豈將鬱鬱黃花等般若
　　　　之智。若青竹黃花同於法身般若，如來於何經中說與青竹
　　　　黃花授記？若是將青竹黃花同於法身般若者，此卽外道說
　　　　也。何以故？《涅槃經》具有明文，無佛性者，所謂無情
　　　　物也❸。

這種反對無情有性的思想，到了後期禪宗，就發生了根本的變
化。

　　據有關資料記載，惠能後學南岳一系從馬祖道一起，就開始
出現「一切法皆是佛法」的傾向。宗密在《中華傳心地禪門師資

承襲圖》中評馬祖道一的禪法曰：「洪州禪意，起心動念，彈指動目，所作所爲，皆是佛性全體之用，更無別用！」在《圓覺經大疏鈔》中，宗密也指出洪州禪強調「性在作用」：「起心動念，彈指謦咳，揚眉瞬目，所作所爲，皆是佛性全體之用，更無第二主宰❷。」這種「性在作用」的思想雖還不是「無情有性」，但已開始把佛性泛化、日常化、世俗化。惠能後學的另一系自石頭希遷起，也開始談論「無情有性」。據《五燈會元》記載❸，當道悟問「如何是佛法大意」時，遷曰：「不得不知。」悟曰：「向上更有轉處也無？」遷曰：「長空不礙白雲飛。」問：「如何是禪？」遷曰：「磚碌。」問：「如何是道？」遷曰：「木頭！」與此同時，禪宗另一系統的牛頭禪自中唐之後也開始談論「無情有性」。牛頭山威禪師弟子慧忠就明確主張「無情有性」。據《指月錄》記載❹，有僧問慧忠：「哪個是佛心？」慧忠曰：「墻壁瓦礫是。」僧曰：「與經大相違也。《涅槃》云：『離墻壁無情之物，故名佛性。』今云是佛心，未審心之與性，爲別爲不別？」慧忠曰：「迷卽別，悟卽不別。」僧曰：「經云：佛性是常，心是無常，今云不別何也？」慧忠曰：「汝但依語不依義。譬如寒月水結爲冰，及至暖時，冰釋爲水。衆生迷時，結性成心；衆生悟時，釋心成性。若執無情無佛性者，經不應言三界唯心。宛是汝自迷經，吾不違也。」慧忠此說雖依義說「無情有性」，但還藉助於「迷」、「悟」，五祖分燈後之禪宗，談「無情有性」時就更直截了當了。

分燈禪盛行「話頭」、「公案」，而談得最熱鬧的是「如何是祖師西來意？」「什麼是佛法大意？」對它的回答則是五花八門。有曰：「庭前柏子樹」；有曰：「春來草自青」；有曰：

「山河大地」；有曰：「墻壁瓦礫」。更有每下愈況者，曰：「厠孔」是佛，「幹屎橛是佛」。總之，在這時期的禪師眼裡，不但一花一葉，無不從佛性中自然流出，一色一香，皆能指示心要，妙悟禪機，而且連最汙穢、骯髒的「厠孔」、「幹屎橛」等，也都是眞如佛性的體現。這與祖師禪之反對青竹法身、黃花般若的思想實在頗異其趣。

禪宗佛性理論從衆生有性向無情也有佛性方面發展，雖然不一定是直接受湛然「無情有性」論的影響，但這種發展本身則說明，「無情有性」在佛教的佛性理論中確是一個重要的環節，要深入了解和把握中國佛教的思想歷程，特別是要了解和把握中國佛性理論的思想歷程，對於這個環節，是應該引起人們的充分重視和深入的研究。

注　釋

❶　選自頻伽精舍校刊《大藏經》陽帙第一〇册。以下凡未加注之引文，均出自《金剛錍》。

❷　《大正藏》卷三八，頁184。

❸　在《法華玄義》卷一〇上，智顗卽以法性實相爲正因，以般若觀照爲了因，以五度功德爲緣因；在《法華玄義》卷五下，智顗是這樣談三因佛性的：眞性軌是正因性，觀應軌是了因性，資成軌是緣因性；在《法華文句》中，智顗稱：「讀誦經典卽了因佛性，皆行菩薩道卽緣因佛性，不敢輕慢而復深敬者，卽正因佛性。」在《摩訶止觀》卷九下，智顗又以十二因緣說三因：所謂「通觀十二因緣智慧是了因佛性，觀十二因緣心具足諸行是緣因佛性」；「無明愛取則了因佛性，行有則緣因佛性，等七支則正因佛性」；還有人空是了因，法空是緣因說；般若是了因，解脫是緣因說等等。

❹ 法藏：《華嚴一乘教義分齊章》卷二。石峻等編《中國佛教思想資料選編》第二卷，第二冊，頁153。

❺ 法藏：《華嚴一乘教義分齊章》卷二。不少佛教經典和佛教思想家把眾生有無佛性作爲區分大小乘的標誌之一。如《大般涅槃經・梵行品》說：「十一部經不說佛性。」智顗在《法華玄義》中也說：「大小乘通有十二部，但有佛性無佛性之異耳。」（《大正藏》卷三三，頁803）當然，小乘佛教對於佛性問題的看法也各有殊異。如「若依分別部說，一切凡聖眾生，並以空爲其本，所以凡聖眾生皆從空出，空是佛性，佛性即是大涅槃。」（《佛性論》。《大正藏》卷三一，頁787）「若依毗曇薩婆多（說一切有）部說者，則一切眾生無性得佛性，但有修得佛性。」（《大正藏》卷三一，頁787）

❻ 被判爲大乘始教的唯識宗所依據的主要經典如《瑜伽師地論》、《佛地經論》、《顯揚聖教論》等倡「一分無性」。如《瑜伽師地論》依有障無障說三乘種性及無性；《佛地經論》明確主張有「無出世功德種性」：「無始時來，一切有情有五種性：一聲聞種性，二緣覺種性，三如來種性，四不定種性，五無有出世功德種性。」（《大正藏》卷二六，頁298）《顯揚聖教論》以五種道理說種性差別，亦明言有不般涅槃有情界；《大乘莊嚴經論》更進一步把無性有情分爲「時邊般涅槃法」和「畢竟無般涅槃法」二種：「無般涅槃法者是無性位，此略有二種：一者時邊般涅槃法；二者畢竟無般涅槃法。……畢竟無般涅槃法者，無因故。」（《大乘莊嚴經論》卷一）

❼ 《瓔珞本業經》云：「凡夫眾生，住五陰中，爲正報之土；山林大地共有，名依報之土。」

❽ 《大正藏》卷三三，頁783。

❾ 《大乘玄論》卷三。石峻等編《中國佛教思想資料選編》第二卷，

第一册，頁369。

⑩　「十如是」即如是相、如是性、如是體、如是力、如是作、如是因、如是緣、如是果、如是報、如是本末究竟等。

⑪　《止觀輔行傳弘訣》卷一之二。以下引文凡出處與此同者，均不再加注。

⑫　教道、證道說，詳見《十地論》卷一，《大乘義章》卷九，《法華玄義》卷三，《止觀輔行傳弘訣》卷三等。

⑬　引自石峻等編《中國佛教思想資料選編》第二卷，第一册，頁263。

⑭　《十不二門》。引自石峻等編《中國佛教思想資料選編》第二卷，第一册，頁264。

⑮　《三論玄義》。

⑯　《止觀義例》。

⑰　《大正藏》卷一一，頁150。

⑱　《注維摩詰經・入不二法門品》。

⑲　《大般涅槃經集解・獅子吼品》。

⑳　《大般涅槃經集解・獅子吼品》。

㉑　《大般涅槃經集解・獅子吼品》。

㉒　《注維摩詰經・弟子品》。

㉓　《大般涅槃經義記》卷一〇。《大正藏》卷三七，頁88。

㉔　《大正藏》卷三八，頁253。

㉕　《大正藏》卷一二，頁581。

㉖　《大乘玄論》卷三。

㉗　《大乘玄論》卷三。

㉘　《大乘玄論》卷三。

㉙　《大乘玄論》卷三。

㉚　《大乘玄論》卷三。

㉛　《荷澤神會禪師語錄》。

74　　湛　　然

㉜　《圓覺經大疏鈔》卷三。

㉝　《五燈會元》卷五。

㉞　《指月錄》卷六。

第四章　湛然的「當體實相」論

湛然佛教哲學的另一個重要方面，是「當體卽實相」的理論。

從一定意義上說，「當體卽實相」的理論是湛然整個佛教學說的基礎，它體現到湛然教學的各個方面，很值得深入探討。

就學術思想的歷史發展說，湛然的「當體實相」論是對智者大師「性具實相」說的繼承和進一步發揮，而宋代天台山家派領袖人物四明知禮的很多思想也與湛然的「當體實相」論有聯繫；從學術思想的相互浸透、相互交融的角度說，湛然的「當體實相」論又是在相當程度上吸收了華嚴宗和《大乘起信論》關於「眞如隨緣」的思想。因此，在探討湛然「當體卽實相」思想同時，有必要聯繫智顗的「性具實相」說、知禮的有關思想及華嚴宗和《大乘起信論》的「眞如隨緣」等思想，以便能更好地把握「當體實相」論的眞實意蘊和深刻內涵。

第一節　從智顗的「性具實相」說到湛然的「當體實相」論

所謂「當體實相」論，亦卽認爲世間一切諸法、三千大千世界每一微塵，無不當體卽是實相。用湛然自己的話說：「一切諸

法皆是法界，無非實相，則諸法皆體❶。」用天台宗慣用的術語說，卽是「體具」、「性具」、「理具」。或者更具體點說，是「同格互具」。智顗就是從「互具」這種思維方法去談論諸法實相乃至衆生與諸佛的相互關係。如在「天台三大部」中，智顗多是從「體具」、「理具」、「本具」的角度去談論諸法與實相乃至諸佛與衆生的相融互卽。例如在論述心、佛與衆生的關係時，他卽是從三者各於自身具足其它二者，卽心具衆生與佛，佛具心與衆生，衆生具心與佛的角度去說明「心佛與衆生，是三無差別」，認爲：「若觀已心不具衆生心佛心者，是體狹，具者是體廣❷。」

　　與天台智者從「性具」角度談實相與諸法乃至衆生與諸佛的相融互卽不同，華嚴宗以《華嚴經》和《大乘起信論》爲憑依，在對待諸法與實相乃至衆生與諸佛的相互關係時，另闢蹊徑，倡「淨心緣起」，或曰：「一眞法界緣起」，認爲一切諸法都是「如來藏自性清淨心」緣起的產物。此緣起論的最大特點，就是主張能緣起的「清淨心」與所緣起諸法本是一體。如法藏在《華嚴策林》、《妄盡還原觀》等著作中，宗密在《禪源諸詮集都序》中都是從「一體」的角度去論衆生本來是佛：「見諸佛於衆生者，觀衆生於佛體」❸；「顯一體者，謂自性清淨圓明體。然此卽是如來藏中法性之體，從本以來。性自具足」❹；「根本悉是靈明清淨一法界心」❺等等。

　　這裡，我們不妨把智者的「性具」說同華嚴宗的「性起」說做一比較。旁的暫且不論，單就思維方法的角度說，二者旣有共同點，卽都反對諸法與實相、衆生與諸佛的相隔絕，而主張相融互卽；但又有殊異處，卽在如何相融互卽問題上，二者的思維方

法則不盡相同：華嚴主「性起」，認爲森羅萬象的現象界都是「清淨心」緣起的產物，起用雖有殊別，但其體原本無二，都是「如來藏自性清淨心」，始終堅持一元論的立場；天台宗從「互具」角度談圓融，往往容易造成這樣的錯覺，好像實相之外別有諸法，諸佛之外別有衆生——儘管天台學者反覆強調此諸法、衆生乃是實相、諸佛之所本具。但是不管如何「本具」，畢竟有衆生在諸佛之外、諸法在實相之表的嫌疑。因此，智顗的「性具」說具有一定程度的二元論的色彩或者傾向。宋代天台山外派中有些學者所持的色、心二元論或佛界九界二體的思想，不能說與智者的「性具」說毫無關係。

　　如果說，華嚴宗的「性起」說可以爲我們評判天台智者的性具」說提供比照物的話，那麼，要把握湛然的「當體實相」論，就更應該了解華嚴的「法界緣起」說。

　　因爲雖然從思想傳承的角度說，湛然的「當體即實相」思想，主要來自智者的「性具實相」說，但湛然在具體解釋智者的「一念三千」說，亦即解釋實相與諸法的相互關係時，並沒有完全循著智顗的思想路數走，而是相當程度地吸取了華嚴宗，或者更準確點說，吸取了《大乘起信論》的「眞如隨緣」的思想，認爲一切諸法都是眞如隨緣的結果，一切諸法無不當體即是實相。也就是說，湛然不但繼承了智者的「性具」說，而且吸收了華嚴宗的「性起」說，其「當體即實相」的理論，實際上是融合「性具」、「性起」思想的產物。這種現象正好說明中國佛教至唐中葉之後，各個學派、各個宗派之間確實出現了一種相互融攝、相互吸收的潮流——與湛然的吸收華嚴宗思想相類似，華嚴宗至清涼澄觀也開始融攝天台的「性具」思想，而一定程度地改變了華

嚴宗「性起」的特色（當然，湛然並沒有全盤照搬華嚴宗的「性起」說，這一點我們在往後的論述中將會有所語及，此不贅）。

可見，湛然的「當體即實相」的思想對於智者的「性具實相」說是一個既有繼承、又有發展的過程。它一方面沿襲、吸收智者的「性具」說，另一方面又從「眞如隨緣」的角度扭轉了智者「性具」說所具有的一定程度的二元論傾向，而易之以更徹底的一元論思維方法。

首先，就對於智顗「性具」思想的繼承、吸收說，湛然的許多著作都沿用智者諸法互具的理論，從「互具」的角度去說明一切諸法的圓融無礙。如在《法華玄義釋籤》中，湛然用幾乎與智顗相同的語言談「六即」：「是故行者常觀一念介爾起心，以具一切心故，等於佛心，故六皆名即❻。」在《止觀輔行傳弘訣》中，湛然也把「性具」的思維方法看成是天台區別於（或高出於）他宗的重要標誌。當有人問：「一心既具，但觀於心，何須觀具？」時，他說：「一家觀門永異諸說，賅攝一切十方三世，若凡若聖、一切因果者，良由觀具❼。」

在《始終心要》、《止觀大意》等著作中，湛然的許多論述雖然已經有自己的發揮，但基本思想仍然屬於智顗的「性具」說，如在《始終心要》中，湛然說：「夫三諦者，天然之性德也。中諦者，統一切法；眞諦者，泯一切法；俗諦者，立一切法。舉一即三，非前後也。含生本具，非造作得也❽。」這是從「本具」的角度去談空、假、中三諦的非前非後、舉一即三，圓融無礙、相融互即。在《止觀大意》中，湛然也是從「互具」的立場去談論心塵、身土，乃至生佛的相互關係：

一一心中一切心，一一塵中一切塵，一一心中一切塵，一一塵中一切心，一一塵中一切刹，一切塵刹亦復然。諸法諸塵諸刹身，其體宛然無自性，無性本來隨物變，所以相入事恒分，故我身心刹塵遍，諸佛眾生亦復然。一一身土體恒同，何妨心佛眾生異。異故分於染淨緣，緣體本空空非空，三諦三觀三非三，三一一三無所寄，諦觀名別體復同，是能是所二非二。如是觀時，名觀心性❾。

以上所舉都是從「本具」、「體具」的角度去談心之與色、能之與所、眾生與諸佛的相融互即，從思維方法說，都是對智者大師「性具」說的繼承和吸收。

此外，湛然還對智者的「性具」說做了進一步的發揮，這主要表現在吸收華嚴宗或者更準確點說，吸收了《大乘起信論》的「眞如緣起」思想去談論生佛諸法的相融互即、圓融無礙。

在《金剛錍》中，湛然明確引用《起信論》的眞如具有不變、隨緣二義去解釋眞如與萬法的相互關係，曰：「萬法是眞如，由不變故；眞如是萬法，由隨緣故❿。」此謂眞如具有隨緣之義，故眞如即是萬法；而眞如又具有不變之義，故萬法即是眞如；眞如與萬法乃是一物之兩面，就其本體說，萬法都當下即是眞如；就其現象言，一切諸法都是眞如隨緣的產物。起用有別，本體無差。這種思想湛然在《止觀輔行傳弘訣》、《止觀義例》等著作中都有進一步的發揮。如他曾反覆強調：若色與心相對而言，則有心與色的區別；如果論其本性，則離色無心，離心無色。理之與事、無明之與法性亦然：「理體無差，差約事用」⓫；「理性無體，全依無明；無明無體，全依法性。理遍一切而無所

依，是則名之與體互爲因依**⑫**。」也就是說，世間一切差別、對待，各種各樣的現象界，都是約俗諦而言，都是約隨緣之事用而言，如果就其理體說，都是同一眞如、同一實相，因此，世間、出世間的一切諸法，都是「二而不二」的——此「二而不二」的思想，可以說是湛然「當體卽實相」理論的核心或者說落點之所在，其具體展開則是在《十不二門》中。

第二節 《十不二門》中的「當體實相」論

《十不二門》原是《法華玄義釋籤》卷十四中的一節，因其思想較爲重要、集中，後人把它單獨列出刊行，並對它進行很多注解、詮釋，在天台佛教哲學史中占有十分重要的地位。

湛然在解釋他爲何要把智者之「本迹十妙」**⑬**歸結爲「十不二門」**⑭**時說：「爲實施權則不二而二；開權顯實則二而不二。法旣教部咸開成妙故**⑮**。」也就是說，湛然開演此「十不二門」的目的是爲了「開權顯實」，而所謂「實」者，則是「一期縱橫不出一心三千世間卽空假中」，亦卽鋪陳詮釋智顗的「一念三千」說和「卽空卽假卽中」的義理。當然，在具體詮釋中究竟多少是智者原來之本意，多少是湛然的進一步發揮，只有深入探討《十不二門》本身才能清楚，因此，下面擬全面剖析一下《十不二門》的具體思想。

一者色心不二門。且十如境乃至無諦，一一皆可總別二

意。總在一念，別分色心。何者？初十如中相唯在色，性
唯在心，體力作緣義兼色心，因果唯心，報唯約色；十二
因緣苦業兩兼，惑唯在心；四諦則三兼色心，滅唯在心；
二諦三諦皆俗具色心，真中唯心。一實及無，準此可見。
既知別已攝別入總，一切諸法無非心性，一性無性三千宛
然。當知心之色心即心名變，變名為造造謂體用，是則非
色非心而色而心，唯色唯心良由於此。故知但識一念，遍
見己他生佛，他生他佛尚與心同，況己心生佛寧乖一念？
故彼彼境法，差差而不差。

此謂對於一切諸法均可從「總」和「別」兩個方面去看：就「總」
而論，一切諸法唯在一念；從「別」而言，則可以有「色」與
「心」的區別。例如就「十如是」說，「相」只屬「色」，「性」
唯在「心」，「體」、「力」、「作」、「緣」則兼有「色」、
「心」二義，「因」、「果」唯心，「報」則只屬於「色」；又
如「四諦」，「苦」、「集」、「道」三諦兼有色心二義，「滅」
諦則唯屬心等等。以上說法切切不可以為湛然主張有些法只屬
「心」，有些法唯在「色」，恰恰相反，湛然的基本思想是主張
色心、總別相融互攝、二而不二的。請看他接下去的論述：所
謂「別」者非離開「總」而有獨立存在，而是「攝別入總」之
「別」，因此，即便作為諸如「相」、「報」等唯屬「色」之
「別」，它也只是作為「總」（如「一念」）之體現，此即所謂
「一切諸法無非心性」；另一方面，所謂「總」者，亦非離開
「別」而獨存──儘管它不是某一獨立存在的實體，但三千大千
世界又統統是它的體現，此即「一性無性三千宛然」者是。湛然

的這個思想用現代哲學的語言來說，有點類似抽象與具體、一般
與個別的關係：「一般」非離開「個別」之「一般」，它乃是
「個別」的本質抽象；「個別」亦不是脫離「一般」而獨存，它
是「一般」的具體化。這種一般與個別、抽象與具體的相互關
係，佛教哲學最常用的語言就是「體用」，湛然也正是用此「體
用」說去說明「心」與「色」的關係：所謂「心之色心卽心名
變，變名爲造造謂體用」，實際上是指一切諸法、三千世間都是
「心」變造的產物，「心」與諸法的關係就如「體」之「用」的
關係，是相卽而不相離、二而非二的，從這個意義上說，一切諸
法旣「非色非心」，又「而色而心」，不但一切唯心，亦乃一切
唯色、唯聲、唯香、唯味、唯觸。就心、佛與衆生的關係說，
「但識一念」，則可遍見一切衆生與諸佛，因爲，心、佛與衆生
雖三而一、雖一而三，是相卽而非相離的。

　　通觀湛然此一「色心不二」的論述，其理論基礎顯然是「體
用一如」的思想，如果再具體點說，卽是「眞如的隨緣與不變」：
就其「不變」說，一切諸法皆是「眞如」，皆是「一念」，皆是
「心體」；就其「隨緣」說，此「眞如」、「一念」、「心體」
又具體地表現爲三千大千世界。可見，湛然的「色心不二」所體
現的「當體卽實相」思想，在相當程度上吸取了《大乘起信論》
的「眞如」具「不變」、「隨緣」二義的思想。

　　但是這一情況至宋代的四明知禮則又發生了變化。知禮在其
《十不二門指要鈔》中對湛然「色心不二」思想的注解，則採用
了另一種思想路數，卽重新起用智者大師的「性具實相」說來談
「色」與「心」二而非二。當有人問：「卽心名變，此心爲理事
邪？若理者，上約隨緣名心；若事者，乃成事作於事。那言全理

起事？」知禮答道：

> 《止觀》指陰入心能造一切，而云「全理成事」者，蓋由
> 此心本具三千，方能變造。既云「心之色心」，已顯此心
> 本具三千。今即此心變造，乃是約具名變，既非但理變
> 造，自異別教也❻。

這顯然是用智顗的「心本具三千」來講「變造」，來講「心之色
心」，與湛然以「眞如」的「不變」、「隨緣」義，用「體用一
如」思想去講「變造」，去講「心之色心」不盡相同。知禮這樣
做是有其歷史原因的。由於華嚴宗從「眞如隨緣」的角度講「一
眞法界」與諸法的關係時偏重於「清淨心」的隨緣，而否認了
「陰入心」、「虛妄心」能隨緣（天台宗稱這種隨緣爲「但理隨
緣」），與天台智者所創立的「妄心觀」相抵觸，因此知禮從
「性具」的角度談「變造」，談「隨緣」，認爲不但「清淨心」
能隨緣，「陰入心」、「虛妄心」也能「隨緣」，也能「變造」。
「總別」、「理事」關係亦然。湛然之談「總別」，如上所述，
側重於從「一般與個別」、「抽象與具體」的角度立論，但是，
知禮之談「總別」、「理事」，則更強調智者大師的「性具」理
論，他說：

> 總在一念者。若論諸法互攝，隨舉一法皆得爲總，即三無
> 差別也。今爲易成觀故，故指一念心法爲總。然此總別不
> 可分對理事，應知：理具三千，事用三千，各有總別。此
> 兩相即，方稱妙境❼。

這是說，因為諸法都是相攝互具的，因此，任舉一法都既是「總」，又是「別」，既是「理」，又是「事」，「理事」、「總別」不可絕然刈裂，把「總」判歸於「理」，把「別」劃歸於「事」……「非謂約事論別以理為總」。

　　知禮這樣談「總別」、「理事」，與湛然的從「體用」角度去論述「總別」、「理事」不能說毫無差別，因此，就有人問：「文從難定，義復相違。何者此文攝別入總，合云變造體同？若云從體起用還是開總出別，既失不二之義，便無開會之功也？」知禮解釋道：

> 若得前之總別意者，則自不執舊訛文也。豈理體唯總，事
> 用唯別？如常坐中修實相觀，既云唯觀理具，文中廣辯三
> 千，還有總別不？若無者，那云一心具三千耶❸？

這仍是以智者的「一念本具三千」的思想去解釋湛然的「攝別入總」。實際上，湛然的從「隨緣」、「不變」的角度去談「色心不二」，與智者的從「性具」角度談「一念三千」是不無差別的。

　　當然，說湛然吸取華嚴宗或者說《起信論》的「真如隨緣」思想談「色」與「心」的相互關係，並不等說湛然的有關思想與華嚴宗毫無區別，這一點後來的天台學者已明白語及，例如仁岳在《十門釋難書》中就說：

> 「真如隨緣」，本出藏疏。洎荊溪筆削，雖用其名，不同
> 彼義，而皆在圓教耳。今四明師，以名下之義，觀諸部之

文，別教真如，亦有是義，於是《指要鈔》中，引而申
之，故「別理隨緣」所以立也❿。

此謂「真如隨緣」的思想雖然本出自法藏的注疏，但荊溪湛然對
它進行了改造，雖然仍延用其名，但基本思想與法藏所說不盡相
同，最大的區別在於湛然所說的「隨緣」，與天台智者的「性
具」說是一致的，都是在「圓教」的意義上談「隨緣」。四明知
禮對於湛然的「隨緣」義與華嚴宗的「隨緣」說的區別更進一步
做了闡釋，指出華嚴宗之「隨緣」只偏限於「真心隨緣」、「清
淨心隨緣」，這是屬於「別教」（天台學者把華嚴宗判爲「別
教」）的「但理隨緣」，即「別理隨緣」。也就是說，湛然的
「真如隨緣」說與智者的「性具」說一致的，是把「天台性具」
說與華嚴宗的「性起」（即「真如隨緣」）說統一起來的結果，
而華嚴宗的「隨緣」則只偏限於「真心」、「清淨心」，否認了
「陰入心」、「虛妄心」也能「隨緣」。

> 二內外不二門者。凡所觀境，不出內外。外謂托彼依正色
> 心，即空假中，即空假中妙，故色心體絕，唯一實性無空
> 假中。色心宛然翕同真淨，無復眾生七方便異。不見國土
> 淨穢差品，而帝網依正終自炳然。所言內者，先了外色心
> 一念無念，唯內體三千即空假中。是則外法全為心性，心
> 性無外攝無不周，十方諸佛法界有情性，體無殊一切咸
> 遍，誰云內外色心己他？此即用向色心不二門成。

湛然於此門約「觀」論內外境之二而不二。所謂「外境」，即依

報生佛色心；雖然外境有此等區別，然依空假中圓融三諦觀之，則都是相融互卽的。既圓融三觀，則色心體絕、能所雙亡，唯一實性、無空假中。既唯一實性，則色心咸同眞淨，衆生咸是佛子，一切國土悉常寂光，何有三五七九及淨穢之差別呢？……此爲外觀成功之相。所謂「內」者，卽是自心。湛然此謂欲修內觀，首先必須了達外法唯一念造，而此能造之「念」本無念性，既然如此，外所造境又何所有！外境既無，則唯有以卽空卽假卽中觀內體三千實性，因此，修內觀者，究竟而言，應該明了外法悉是心性所現，非有心性融攝不到之處，不論十方諸佛，抑有情衆生，其體無殊，一念眩攝，又何有內外色心己他生佛之差別呢！湛然此「內外不二門」顯然是藉智者之空、假、中三觀去闡釋其內、外觀，但是值得注意的是，在具體的論述過程中，湛然很少用智者最強調的「性具」說，而是注重諸如「唯一實性」、「體一無殊」，這又顯然與上面所言的「因體起用」的「體用」思想較接近。也就是說，對於內外不二的論述，湛然也同樣吸收，並運用了眞如「不變」、「隨緣」的思想。與此不同的是，知禮在其《十不二門指要鈔》中，則更多地是用智顗的「性具」說去注解湛然的「內外不二」，例如他說：

所謂自他，他者謂衆生佛，自者卽心而具。
明內外融泯，二初互融，三法體性，各具三千，本來相攝。
又，此性體非謂一性，蓋三千性也。以佛具三千方攝心生，生具三千方融心佛，心具三千豈隔生佛？若心無佛性豈能攝佛，佛無生性何能攝生。故性體無殊之語有誰不

知，一切咸遍之言須思深致。

　　若不知具但直觀心何殊藏通，縱知心體是中，若不云具未
　　異別教也❷。

知禮的這些解釋顯然是要把湛然的思想往「性具」上推，因此他
十分強調「具」，認爲如果不談「具」，卽便說「性體無殊」也
罷，「唯一實性」也罷，「心體是中」也罷，都不是天台之圓
義，而與「藏」、「通」二教沒有什麽本質的區別。此中亦可看
出天台學從智顗至湛然再至知禮的思想發展軌迹。

　　　三修性不二門者。性德只是界如一念，此內界如三法具
　　　足。性雖本爾，藉智起修，由修照性，由性發修。存性則
　　　全修成性，起修則全性成修，性無所移修常宛爾。

所謂「修」者，照知禮的解釋，卽「修治造作」義，所謂「性」
者，卽是「本有不改」義。這段話的意思是說，雖然「性」是
「本有不改」的，但它的顯發有待於「智」的「修治造作」；同
時，「智」之「修治造作」並非離開「性」，它只是「性」之顯
發體現罷了──此卽「由修照性，由性發修」，是湛然修性不二
思想的第一層意思；第二，「修」之所造所顯者，並非「性」之
某一個方面或者部分，而是「性」之全體，於本然之性德毫無欠
缺（全性成修），同時，正是藉助於這種種修造，本然之性德才
得以完整體現（全修成性）。湛然的這種思想如果用較通俗、明
白的語言說，卽是「理」之與「事」的相融互卽、圓融無礙，而
其「全性成修」、「全修成性」說則使人很容易聯想到以「眞如

隨緣」思想爲依托的華嚴宗的「理事無礙」和「海印三昧」。華
嚴宗的「理事無礙」理論從邏輯思路說，就是立足於「理是通過
事來顯現的，而任一事又包含著完整的理」，進而確立「理事無
礙法界」、「事事無礙法界」。至於「海印三昧」，則是通過海
納萬川、海印萬象來說明「一眞法界」與一切諸法的相互關係。
法藏在《妄盡還源觀》中說：「言海印者，眞如本覺也。妄盡心
澄，萬象齊現，猶如大海，由風起浪，若風止息，海水澄清，無
象不現。」湛然也是藉助於波水之喩來說明修性不二。他說：
「爲對性明修，故合修爲二。二與一性如水爲波，二亦無二亦如
波水。」此謂本然之「性」雖唯一，但顯造之「修」卻有二：順
修、逆修。因逆修違理背性，故造成理之與事「恒殊」。雖然逆
修會導致事理相違，但如果能洞了心性不改且逆順二修均是「全
體隨緣」（知禮語），那麼，就可以懂得「修」之「性」原是二
而非二的，此猶如波之與水，風高則浪急，風平則浪靜，表現不
同，其實一水爾。

　　我們再來看看湛然這一思想至宋代所發生的變化。

　　知禮在《十不二門指要鈔》中對湛然的修性不二的思想是這
樣詮釋的：

　　　　修謂修治造作，卽變造三千；性謂本有不改，卽理具三
　　　　千。今示全性起修則諸行無作，全修在性則一念圓成。是
　　　　則修外無性，性外無修，互泯互融，故稱不二。

應該說，知禮這一解釋還是比較明晰簡練且符合湛然原意的。值
得注意的是，知禮在這裡提出「理具三千」和「變造三千」說，

從「理具」、「事造」的角度闡明「性」與「修」的二而不二。

「理具三千」與「事造三千」說在宋代成為天台山家、山外爭論的一個重要問題，對此這裡不準備詳加討論，但是，知禮用「理具三千」來注解湛然的「修性不二」卻給我們透露了一個信息，卽知禮對於湛然的「修性不二」思想仍然是運用智顗的「性具」說去論證詮釋，而一定程度地改變了湛然採用的融合華嚴宗依據的「眞如不變、隨緣」的思想路數，這一點，知禮在《指要鈔》的具體論述中有許多表現，例如，他在闡述湛然的「全修成性」思想時，就是依據「互具」的理論，認為湛然所說的「全修成性」是「全指修成本來已具，如《止觀》（智顗的《摩訶止觀》）廣辯三千之相」，因此，雖談「逆順二修」，但「全為顯於性具」，正是在這個意義上，湛然提出「全修成性」。知禮這樣解釋湛然的思想，當然並非毫無根據，因為湛然的「修性不二」說確實不無智者「性具」思想的影響在，但如果說湛然全憑「性具」說立論，則也未必，正如我們在上面所指出的，他在相當程度上吸收了華嚴或《大乘起信論》中「眞如隨緣、不變」的思想。其實，知禮這樣的闡釋在相當程度出於當時與「山外」論爭的需要。在知禮往後的論述中我們可以看到，他對於湛然「全修成性」、「全性成修」說的解釋，在很大程度上是針對「山外」派的。知禮指責「山外」的一個重要地方，就是認為「山外」用華嚴宗的「淨心緣起」思想來替代天台宗的「性具」說，為此，他批評「山外」用「本性靈知」去解釋「智」字，認為：「靈知之名，圭峰（宗密）專用。旣非卽陰而示，又無修發之相，正是偏指淸淨眞如，唯於眞心及緣理斷九之義也[21]。」若是這樣，「《止觀》妙解正修便為徒設，則天台但傳《禪詮都序》（卽《禪

源諸詮集都序》）也」。知禮之用心是良苦的，他爲維護天台宗
「性具」思想的地位，對華嚴宗的「淨心緣起」說的抨擊是不遺
餘力的，當然不會承認作爲天台宗一代宗師的湛然吸收了華嚴宗
的思想，也正因此之故，其所立說，咸本「性具」，這也許是當
時的現實鬪爭的需要使然。

> 四因果不二門者。衆生心旣具三軌，此因成果名三涅槃，
> 因果無殊始終理一。……是則不二而二立因果殊，二而不
> 二始終體一。若謂因異果因亦非因，曉果從因因方克果。
> 所以三千在理同名無明，三千果成咸稱常樂，三千無改無
> 明卽明，三千並常俱體俱用。

湛然這裡所談之「三軌」，卽是天台智者在《法華玄義》中所言
之「眞性軌」、「觀照軌」、「資成軌」[22]。所謂「眞性」，眞者
眞實之謂，性者不改之義，此指眞如實相之本體；所謂「觀照」，
指觀達眞性之般若智慧；所謂「資成」，指資助觀照而使眞性得
以開發之萬行。湛然認爲心旣同時具此三軌，涅槃之果乃心所本
有，因此說因果無殊始終理一。然而就其未開顯言，因之與果不
能無殊，故立因果之名，此謂「不二而二立因果殊」；但是由於
因果只是從顯與未顯處立言，而其體始終是一眞如實相，故曰「二
而不二始終體一」。在湛然看來，因之與果，是旣異又同的，其
異者卽顯現與否，其同者卽同理同體。如果因與果不同體同理，
那麼所謂「因」者亦不成其爲「因」，「果」者不成其果──因
爲所謂「果」者實際上只是「因」之顯現。此猶如「體」之與
「用」，無「體」者，難有其「用」，無「用」者，其體空設。

更值得注意的是，湛然認為，「因」與「果」亦如「體」與「用」一樣，是互為體用的（「俱體俱用」），卽「因」、「果」並不是從時間或邏輯的順序立言，「因」非一定在「果」之前，「果」亦不一定在「因」之後，更不是我們現在所理解的「果」是「因」的產物，「因」是「果」的前提，他是從「顯」與「不顯」的角度立言──「因顯名果」，也就是說，「因」、「果」之體都是實相，此實相本具之「三千」，未顯者，卽是「因」（理具三千），旣顯者，卽是「果」（事造三千），「事造之三千」與「理具之三千」也不是一成不變的，並非「理具之三千」一定是「體」，「事造之三千」一定是「用」，而是互為體用，俱體俱用。總之，湛然此門主要是從顯與不顯談因果之不二而二，從「體一」、「理一」談因果之二而不二。

再來看看知禮對湛然此不二門的詮釋。

一方面，知禮循著湛然的路子走，用顯與不顯、體之與用來解釋因果的二而不二，如他說：「隱顯雖殊始終常卽，故名二而不二。」「體具三軌是果之性，故名為因；此性若顯名三涅槃，三法體常始終理一。」另一方面，知禮把湛然之「俱體俱用」思想作為「性具」說的一個重要理論依據，認為，第一，所謂「體用」之名雖本有「相卽之義」，但是，只有「全用卽體方可言卽」；第二，所謂「相卽」非「二物相合」之謂，只有「全體之用方名不二」。知禮如此發揮湛然「俱體俱用」思想的目的，主要是針對山外派的吸收華嚴宗「淨心隨緣」的思想。山外派隨緣觀的其中一個重要論點，就是認為「眞如」本身是淳一而無差別的，差別法是無明之相，是隨緣的產物，因此主張眞如與無明「合」方有差別。這種論點在一定程度上是吸收華嚴宗「淨心隨緣」思想

的結果。知禮認爲，如此談隨緣是「別教」的「一理隨緣」，非天台之「性具隨緣」「今家明三千之體隨緣成三千之用，不隨緣時三千宛然，故差別法與體不二」，但是「他宗明卽，卽義不成，以彼佛果唯一眞如，須破九界差別歸佛界一性故」，這也就是知禮屢加抨擊的所謂「別理隨緣」、「緣理斷九」。在知禮看來，「不談性具單說眞如隨緣，仍是離義」，「故知他宗極圓只云性起不云性具，深可思量」❷。

　　總之，「性具」說在知禮手裡是一塊試金石，合之則圓，則是天台宗之正義，離之則是別教異端。如果說，湛然的「當體卽實相」思想常常爲山外派提供某些理論根據，那麼，知禮則毫不猶豫地從「性具」的角度來加以「端正」、「糾偏」，以使天台學說能延著智者大師開創的「性具實相」的方向發展。

　　　五染淨不二門者，若識無始卽法性爲無明，故可了今卽無
　　　明爲法性。法性之與無明遍造諸法，名之爲染；無明之與
　　　法性遍應眾緣號之爲淨。濁水清水，波濕無殊。清濁雖卽
　　　由染，而濁成本有。濁雖本有而全體是清，以二波理通舉
　　　體是用。

對於湛然此「染淨不二」之談，歷來諸家詮釋不同，這裡不準備一一詳加剖析，擬掠其大意而論之。這段話的意思是說，「無明」與「法性」，實乃一物之兩面：就體寂明靜言，則是法性；就昧體妄動說，則是無明。由無明遍造之諸法，此卽是「染」；各緣起法相應於明靜法性體者，此卽是「淨」。「染」之與「淨」猶如「清水」之與「濁水」，雖然表現不同，但其體性則一——

這是「清濁」之喻的第一層意思；其次，湛然又進一步指出，雖然「濁波」是隨緣的產物，但從本來未悟的角度說，則「濁爲本有」，儘管「濁爲本有」，但「濁」非水之本性——此猶如知禮所指出的——「水雖本濁，濁非水性」❷，水的本性是「清」，故湛然言：「濁雖本有而全體是清」。若從「波性」與「濕性」的角度立言，則「清波」、「濁波」雖然表現爲二，但均通「濕性」，都是水體之用，故湛然言：「二波理通舉體是用」。湛然這段論述比較晦澀，但從理論思維的角度說，仍無出「隨緣、不變」和「舉體是用」的思想路數。

到了知禮，湛然的這種思想路數又被他有所改移，他以「本具三千」、「俱體俱用」的「性具」說解釋湛然的「染淨不二」，例如他說：「荊溪旣許隨緣之義，必許法性無明互爲因緣，但約體具明緣，自異權敎❷。」知禮雖明確指出湛然是從「隨緣、不變」的角度談「染淨不二」，但他又把這種思想往「體具」上推，認爲正因爲湛然是從「體具」的角度談隨緣，因此與別敎不同。知禮的基本思想是他在《十不二門指要鈔》中所說的兩句話，卽「本具三千俱體俱用」、「淨穢法門皆理本具」。如果說，湛然的「隨緣、不變」說雖然與智者的「性具」說本身並非沒有相通之處，那麼，從理論思維和立論的落點說，二者又不是毫無區別：湛然的論述中雖然不無智者的「性具」思想在，但他沒有直接用「性具」說去談「染淨不二」；知禮雖然也談到隨緣，但他立論的出發點和落足點都是「性具」理論。

　　六依正不二門者。已證遮那一體不二，良由無始一念三千。以三千中生陰二千爲正，國土一千屬依，依正旣居一

心，一心豈分能所？雖無能所，依正宛然。……然應復了
諸佛法體非遍而遍，眾生理性非局而局。始終不改大小無
妨，因果理同依正何別？故淨穢之土勝劣之身，塵身與法
身量同，塵國與寂光無異。是則一一塵剎一切剎，一一塵
身一切身，廣狹勝劣難思議，淨穢廣所無窮盡。若非三千
空假中，安能成茲自在用。

湛然此門的中心思想大致有三：一是「一體不二」；二是「一心
豈分能所」；三是「三千空假中」。「一體不二」是湛然貫穿於
「十不二門」的最基本思想，此處不復贅述；依正同居一心，是
本門的主要內容，其主要理論依據是智者的「一念三千」說，認
為「有情世間」、「五蘊世間」和「國土世間」雖然從「依報」、
「正報」角度說，不能沒有能所之分，這是「依」、「正」的
「不二而二」；但不管「依報」還是「正報」均同居一念心，既
然同居一念心，又怎麼去區分何者是「能」，何者是「所」呢？
這是「依」、「正」的「二而不二」；第三，「三千空假中」一
說，同樣是運用智者的即空即假即中的理論，亦即不論是塵剎還
是佛剎，不論是眾生身還是佛身，它們都是即空即假即中的，因
此，「一一塵剎一切剎，一一塵身一切身」。

　　因為湛然此「依正不二」思想較多地吸收智者的學說，因此
知禮對於此門沒有更多的闡述發揮，他著重強調了智者的「性具
三千，若體若用」思想，指出「一微塵身，一微塵國，各具三千
體遍法界」，「微塵本含法界，芥子常納須彌」，眾生與佛，體
用不二，「既解修成，全是本具」。

七自他不二門者。隨機利他事乃憑本，本謂一性具足自他，乃至果位自即益他，如理性三德三諦三千，自行唯在空中，利他三千赴物，物機無量不出三千，能應雖多不出十界，界界轉現不出一念，土土互生不出寂光。眾生由理具三千故能感，諸佛由三千理滿故能應。應遍機遍欣赴不差，不然，能如鏡照像？鏡有現像之理，形有生像之性。……若鏡未現像由塵所遮，去塵由人磨，現像非關磨者，以喻觀法大皆可知。應知理雖自他具足，必藉緣了為利他功，復由緣了，與性一合方能稱性，設施萬端則不起自性化無方所。

從湛然之「十不二門」與智者「本迹十妙」的對應關係看，此自他門及以上之染淨、依正二門均屬感應、神通。所謂「感」者，指眾生，所謂「應」者，即是諸佛。眾生以善根善事之機緣，諸佛應之而來，謂之「感應」。可見，此門的中心議題之一，是在討論諸佛與眾生之間的相互關係。又，所謂「自」者，即指「心」，所謂「他」即指眾生與佛，所謂「自他不二」，亦即心、佛與眾生的二而不二。在此門中，湛然首先指出了「感」之與「應」，其體本同：隨機利他雖表現不同，但其本、體則一；從心、佛與眾生分別立論，有「自」、「他」之分，但其性本無二。其次，湛然又從「三諦三千」的角度論述自他不二：所謂「三諦三千」，亦即三千即空即假即中。既然三千即空、假、中，豈可自他分隔，此其一；其二，分別而論，「自行」約「空」、「中」，「利他」約「假」。此中之「他」又分二層：一是「能感」，二是「能應」。相對於「三千」而言，能應雖多不出十界，

而此十界轉現互生又不出一念，既同出一念，又何分自他？再者，就生、佛與三千的關係說，因一切眾生理具三千，故能感，諸佛本來具足三千，故能應，生、佛之感應者，實是「眾生感心中他佛，諸佛應心中眾生」㉖。對於眾生與諸佛的這種感應關係，湛然以「鏡」與「形」為喻加以說明：諸佛三千如鏡，有現像之理，眾生三千如形，有生像之性，鏡所現之像與眾生之形本來無差，故眾生與佛能相互感應。如果鏡未能現像，那是由於塵埃覆蓋所致，要除此塵埃，必須靠人去磨，但是鏡之能「現像」則與磨者無關。除塵雖須藉助於「緣了之功」（如磨鏡去塵），但所以能現像則全由「性具」。從須藉助於「緣了之功」說，生、佛有別，但從「性具」的角度說，則眾生與佛二而不二。

　　湛然此一「自他不二」論中的「自行唯在空中，利他三千赴物」說在後來曾引起歧議：有人（如山外派）以此說為根據，認為「自行」既無假，「修觀」亦不可言「假」，只修「空」、「中」，因此，山外一派主張「觀心」只觀「真心」，不可觀「妄心」。知禮對此嚴加駁斥，指出：「若自行唯修空中，內觀非自行，何故言即空假中邪㉗？」亦即既然三千三諦、自他不二，「修觀」能無「假」?!因此，以知禮為代表的山家，主張觀心也應觀「妄心」，不唯「真心」。

　　　　八三業不二門者。於化他門事分三密，隨順物理得名不同，贈輪鑒機二輪設化，現身說法未曾毫差。在身分於真應，在法分於權實。二者若異，何故乃云即是法身？二六若乖，何故乃云皆成佛道？若唯法身應無垂世，若唯佛道誰施三乘？身尚無身說必非說，身口平等等彼意輪，心色

一如不謀而化，常冥至極稱物施為。豈非百界一心？界界無非三業。界尚一念三業豈殊？果用無虧因必稱果，若信因果方知三密有本。百界三業俱空假中，……一念凡心已有理性三密相海，一塵報色同在本理毗盧遮那，方名三無差別。

此中之所謂「三業」、「三輪」、「三密」，皆指身、口、意三業。法華宗之前的四時三教，視此三業各有殊別，然於天台宗圓教看來，佛之身、口與意，乃是二而不二的，為隨順物理、觀機逗教，有三業之分，然於法身佛言，則三業平等，身等於語，語等於意，皆遍法界。法雖是應身所說，教雖有真、權之別，但二者並不是懸隔殊絕的，應身亦即是法身，釋迦卽法佛之異名，十二分教也皆成佛道。為了垂世教化，故有應、法之分，真、權之設，究竟而論，應、法一身，三業平等、心色一如。雖界界無非三業，然百界皆一心之所本具？旣然百界尚且具於一念心，三業又有什麼區別呢?!再者，按照圓教的理論，百界三業皆卽空卽假卽中，每一身色、聲音都是相卽互具的，都無不皆具三業，因此，一切衆生之每一「陰入心」，無不本具佛之身、口、意三業，每一塵土，也都本具毗盧遮那佛，這才稱得上是「心佛與衆生，是三無差別」。從這段話看，湛然主要是以智顗的「性具實相」論去談論身、口、意三業的二而不二──因為不論是身，抑或是口，都無非是一念心之所本具，都卽空卽假卽中，因此，三業是平等不二的。

知禮於此門的發揮，主要是駁斥華嚴宗所說的只有《華嚴經》是毗盧遮那佛所說，其它的經典都是釋迦牟尼應身佛所說，

指出，遮那乃是釋迦之異名。認爲，就說法本身言，一切教法都
是釋迦牟尼應身所說，但應身卽是法身，因此，「凡說圓教，皆
卽法身，何獨華嚴❷？」只是因爲華嚴宗隔絕小乘，所以唯視報
身才卽是法身；今天台宗更進一步，開權顯實，會三歸一，故直
指應身亦卽法身。

> 九權實不二門者。平等大慧常鑒法界，亦由理性九權一
> 實。實復九界權亦復然。權實相冥，百界一念不可分別，
> 任運常然。至果乃由契本一理，非權非實而權而實。此卽
> 如前心輪自在，致令身口赴權實機，三業一念無乖權實，
> 不動而施豈應隔異？對說卽以權實立稱，在身卽以眞應爲
> 名，三業理同權實冥合。

所謂「權」者，卽只適宜於一時的權便教法，所謂「實」者，
指究竟不變之眞實法門❷；又，「權」者，指「權教」，「實」
卽「實教」。性宗以三乘教爲權教，一乘教爲實教，天台宗則以
藏通別三教爲權教，自家之圓教爲實教。湛然此門主要以智者之
「性具實相」理論論證「權」與「實」的二而不二。

在湛然看來，天台宗之前的四時三教，多視九界爲「權」，
「實」則唯一佛乘，但就天台的圓融理論說，「實」之佛乘，亦
具「權」之九界，反之，「權」之九界，也具「實」之佛乘，
「權」之與「實」乃是相融互卽的。這有如前一門所說，「三
業」本係一念，「眞」、「應」原是一身，不可截然分隔。就思
想內容說，此門主權依據智者的「性具」說，湛然本人無更多的
發揮，故不贅述。

十受潤不二門者。物理本來性具權實，無始熏習或權或實，權實由熏理常平等，遇時成習行願所資。若無本因熏亦徒役，遇熏自異非由性殊，性雖無殊必藉幻發，幻機幻感幻應幻赴，能應所化並非權實。然由生具非權非實成權實機，佛亦果具非權非實為權實應，物機應契身土無偏，同常寂光無非法界。故知三千同在心地，與佛心地三千不殊。

此謂一雨普降，一切眾生受潤無有差等。所言「權」、「實」者，乃由熏習不同所致。而所以能受熏者，則因性本具，若本無因性，一切熏習咸是徒勞。熏習雖有差等，但理、性則常平等。理性雖常平等，但須藉緣而發；因是藉緣而發，故爾皆如幻化；但此幻化並非緣生無體之幻，而是生、佛互感互應之幻。因眾生本具法身，諸佛本具諸法，故能感應一致，互融互卽，一色一香，無非中道，一一塵剎，皆常寂光，故知眾生心地三千，與佛心地三千無殊。凡地三千與佛地三千既融，「權」、「實」受潤何別之有？湛然貫穿於此門的基本思想是眾生與佛，一性、同體。既然性一體同，受潤自然無差，因此不管「權」、「實」，其有聞法者，悉皆成佛。

通觀湛然此「十不二門」，其最核心的思想若一言以蔽之，則是「體一故不二」。色心也罷，自他也罷，內外、依正也罷，之所以是二而不二的，最根本的原因在於它們都是「一體」之兩面。而此「體一」的思想，在相當程度上是吸收了華嚴宗（特別是《大乘起信論》）的「眞如隨緣」理論。雖然在具體論述過程中，湛然也常常引用智者的「性具」說、「一念三千」說和「卽空卽假卽中」等學說，但這些學說往往是和「眞如隨緣」的理論

糅合在一起，因而湛然在《十不二門》中所說的「二而不二」，具有濃厚的融合性質，它更多的是從「一體」的角度去談一切諸法「當體卽是實相」，而不是從「性具」的角度去談「當體卽是實相」，因此，湛然的「當體卽實相」理論與傳統的（或者說與智顗的）「當體卽實相」理論是不盡相同的，也正因爲如此，到了宋代，終於導致山家與山外的爭論。

第三節　天台的「性惡」說與湛然的「當體實相」論

「性惡」說是天台學的特點所在，作爲中興天台的一代宗師，湛然對它自然多有闡發，這裡不準備全面探討湛然乃至天台宗的「性惡」理論，而擬從一個側面考察一下天台，特別是湛然的「性惡」說及其所蘊涵的「當體卽實相」思想。

湛然對於「性惡」說的闡發，首先抓住智者「緣、了具惡」的思想——而緣、了具惡思想正是天台「性惡」說的重要理論支柱之一。爲了對湛然「性惡」說中所蘊涵「當體卽實相」理論有較深入的理解，有必要先看看「緣、了具惡」說在天台「性惡」說中的理論價值。

在《觀音玄義》中，當有人問及「緣了旣有性德善，亦有性德惡不？」智顗答道：「具」**❸**。此一「具」字使得天台宗佛性學說在各宗之外獨樹一幟。

在智顗那裡，佛性具惡的思想除了出自「十界互具」的理論之外，在相當程度上還得力於此「緣、了具惡」理論。首先，智

顗指出一切眾生無不本具正因、緣因、了因三德。在《法華玄義》中智顗說：

> 今《法華》定天性，審父子，非復容作，故常不輕深得此意，知一切眾生正因不滅，不敢輕慢；於諸過去佛現在若滅後，若有聞一句，皆得成佛道即了因不變；低頭舉手，皆成佛道，即緣因不滅也。一切眾生，無不具此三德[31]。

在《法華文句》、《觀音玄義》等著作中，智顗又從本具的角度，論證了「緣、了」二因「本自有之，非適今也」。在《法華文句》卷十上，智顗說：「正因佛性，通亘本當；緣了佛性，種子本有，非適今也[32]。」在《觀音玄義》卷上，智顗又指出：「今正明圓教三種莊嚴之因，佛具三種莊嚴之果。原此因果根本即是性得緣了也。此之性德，本自有之，非適今也[33]。」

在主三因本具的基礎上，智顗又進一步倡「三因互具」，這方面的思想主要體現在智顗以非空非有之中為正因，以假為緣因，以空為了因，而空、假、中三諦圓融無礙、相即互具：說空，假、中亦即空，一空一切空；說假，空、中亦即假，一假一切假；說中，空、假亦即中，一中一切中。即空即假即中，雖三而一，雖一而三，不相妨礙，這是智顗空、假、中一而三，三而一的思想。

從理論的角度說，當智顗完成了「三因互具」的論證之後，其「性惡」說已經創立了——因為：第一，雖然正因是非染淨、無善惡的，但緣、了二因則是具染淨、有善惡的，而此三因皆是眾生之所本具的；第二，此三因又不是懸隔殊絕的，而是相即互

具、圓融無礙的，因此，合乎邏輯的結論是佛性也具惡。

　　對於智顗佛性具惡說，湛然甚表推崇，在《止觀輔行傳弘訣》中，湛然曰：

> 如來不斷性惡，闡提不斷性善，點此一意，衆滯自銷。以不斷性善故，緣了本有。彼文云：了是顯了智慧莊嚴；緣是資助福德莊嚴。由二爲因，佛具二果，元此因果本是性德，性德緣了本自有之。今三千卽空性了因也，三千卽假性緣因也，三千卽中性正因也。是故他解唯知闡提不斷正因，不知不斷性德緣了。故知善惡不出三千㉞。

湛然此段話的核心在「性德緣了本自有之」一句，也就是說，緣、了二因乃本然之性德，非「適今也」，因此，不管是佛之不斷性惡，抑或闡提之不斷性善，都是本有的，非是「後天」的，其它宗派之談闡提也具佛性，多是指闡提不斷正因佛性，而不懂得闡提之具有佛性，還表現在於闡提也具有緣因、了因佛性。諸佛亦然，它宗之談諸佛之性，只知道諸佛之正因性，而不懂得諸佛之緣因性、了因性。所以他們不懂得佛性也具惡的道理。

　　湛然此一思想的理論基礎，是正、緣、了三因之同體本具，亦卽不管是緣因性，抑或了因性，它們與正因性一樣，都是眞如實相之所本具，它們當體都卽是諸法，也當體都卽是實相，因此，湛然說：「今三千卽空性了因，三千卽假性緣因，三千卽中性正因。」

　　智顗、湛然此三因佛性說，特別是「緣、了本具」的思想，受到後來之天台學者的推贊和發揚。宋代遵式在〈爲王丞相（欽

若）講《法華經》題〉曾指出：

> 天台所談佛性，與諸家不同。諸家多說一理真如名為佛性，天台圓談十界，生佛互融，若實若權，同居一念。一念無念（空），即「了因佛性」；具一切法（假），即「緣因佛性」；非空非有（中），即「正因佛性」。是即一念生法，即空、假、中，……圓妙深絕，不可思議㉟。

元代虎溪沙門懷則在《天台傳佛心印記》中則曰：

> 只一事理，三千即空性了因，即假性緣因，即中性正因。三諦若不性具，義何由可成？不但三千即三諦，亦乃三諦即三千，故云，中諦者統一切法，真諦者泯一切法，俗諦者立一切法。三千即中，以中為主，即一而三，名為本有所觀妙境㊱。

> 三諦如三點伊（∴），一不相混，三不相離，名大涅槃㊲。

上面幾段話，都是以三諦圓融的思維方法去談論正、緣、了三因佛性的相即互具，進而提倡佛性本具惡、闡提亦具善，而這正是天台學在佛性理論上的基本思路及區別於他宗佛性理論的根本之點。這種思想始創之功無疑當歸智者大師，但第一個對它作出較深入發揮的，當推湛然。這種發揮，不僅表現在湛然對智者的「性惡」說作了較系統、準確的闡發，尤其表現在新的歷史條件下，湛然以此「性惡」理論，去批判華嚴宗之「性起」說。

在湛然時代，由於華嚴宗吸收了《大乘起信論》中的「真如

隨緣、不變」的思想，在當時佛敎界十分風行，相當程度地「擠招」了天台宗，因此，湛然對「性惡」說的闡發，就不是無的放矢，而是以天台宗的「性具實相」理論去批判華嚴宗的「但理隨緣」、「緣理斷九」等思想。

在《觀經疏妙宗鈔》中，湛然曰：「他宗不明修性，若以眞如一理名性，隨緣差別名修，則荆溪出時甚有人說也。故知他宗同極，只立性起不云性具，深可思量。」湛然此說是在批判華嚴宗之以眞如不變說「性」，以隨緣差別說「修」。具體地說，華嚴宗認爲，「性」是不變的，是至純至善的，至於「惡」，那是「修爲」才有的，是隨緣的產物。但是，在湛然看來，這種看法乃淺薄平庸之見，因爲，諸佛旣有性德善，也「有性德惡」，「如來斷修惡，但有性惡在」❸，闡提反之，旣有性德惡，也有性德善，「闡提斷修善，但有性善在」❹。此中之差別在於，一是主張佛性是至純至善的，一是認爲佛性本具惡；一是強調「惡」純屬後天之修爲，一則認爲「修由性發」，「修惡」乃是「性惡」之體現。概言之，前者主張「修」、「性」二截；後者強調「修性不二」。

湛然此一「修性一體」、「修性不二」的思想，爲後來許多天台學者所承繼、發揚，宋代天台山家派持帥人物知禮對它有更多闡發。《四明尊者敎行錄》載有知禮與禪僧淸泰的一段問答，對於人們理解天台「性惡」說中所蘊涵的「當體卽實相」的思想頗有助益，現撮其要，以窺大槪。

當淸泰問及無明與法性有無前後始終時，知禮答之以「無始無終」。因爲「若論本具，平等一性，則非眞非妄，而不說有無明、法性，亦不論於有始有終」、「無明、法性體一，故起無前

後」，並引《大乘起信論》之「如來藏無前際故，無明之相，亦無有始」爲證。但是，如果說無明無始終，爲什麼在佛果位，斷盡無明，方成佛果呢？清泰這樣詰問，知禮的回答是：「若覺悟時，達亡即眞，了無明即是法性。約修門說，義當斷妄；雖曰斷妄，妄體本眞，妄何所斷，故曰無明無始無終。」知禮的這幾段話的思想核心在於：「妄體本眞」及「無明、法性體一」二句。也就是說，所謂「無明」，並非在「法性」之外別有「無明」，「法性」亦不是在「無明」之外另有「法性」，「無明」與「法性」乃一體之兩面，沒有前後、始終之分；所謂「修惡」、「斷妄」亦然，所修之「惡」，所斷之「妄」，皆是法性之所本具，故「達妄即眞」，並非於「法性」之外另有其「妄」，故「妄何所斷」。此中所體現的，亦是「妄體本眞」、「當體即是實相」的思想。按照這種理論，成佛並不需要像其它宗派所說的那樣，必須斷盡「無明」，方能證得佛果，必須「破九界煩惱生死修惡」，方能「顯佛界性善佛性」❹，而是「達妄即眞」便是覺悟，斷盡「修惡」便能成佛，而「無明」本無始終，「性惡」也不可斷。

關於天台「性惡」說的思維方法與它宗佛性理論的區別，元代虎溪沙門懷則的兩段話可視爲畫龍點睛之筆，他在《天台傳佛心印記》中說：

　　是知今性具之功，功在性惡。若無性惡，必須破九界修惡，顯佛界性善，是爲緣理斷九❹。

　　諸宗旣不知性具惡法，若論九界唯云性起，縱有說云圓家以性具爲宗者，只知性具善，不知性具惡；雖云煩惱即菩

提，生死即涅槃，鼠唧鳥空有言無旨，必須翻九界修惡，證佛界性善，以至直指人心，見性成佛，即心是佛等，乃指真心成佛，非指妄心㊷。

此謂「性惡」說與「性善」說的根本區別在於，一是主張佛界九界相即互具，一是認爲成佛必須斷九界修惡；一是主張「妄體本眞」、「達妄即眞」，一是認爲必須斷盡無明煩惱方能入於涅槃；一是主張唯有眞心方能成佛，一是認爲妄心也能成佛。而隱藏在這些區別背後的，則是，一個以「當體實相」、「修性不二」的理論爲依據，一個則是以「眞如隨緣」、「眞心緣起」的思想爲基礎。而首先指出此二者之理論分野的，則是作爲天台九祖之荆溪湛然。

注　　釋

❶　《法華玄義釋籤》卷二。《大正藏》卷三三，頁828。

❷　《法華玄義》卷六上。《大正藏》卷三三，頁747。

❸　法藏：《華嚴策林》。

❹　法藏：《修華嚴奧旨妄盡還源觀》。

❺　宗密：《禪源諸詮集都序》卷四。

❻　《法華玄義釋籤》卷四。《大正藏》卷三三，頁839。

❼　《大正藏》卷四六，頁289。

❽　《大正藏》卷四六，頁473。

❾　《大正藏》卷四六，頁460。

❿　《法華玄義釋籤》卷二。《大正藏》卷三三，頁828。

⓫　《法華玄義釋籤》卷四。《大正藏》卷三三，頁839。

⓬　《法華玄義釋籤》卷二。《大正藏》卷三三，頁828。

⑬ 「十妙」爲智者大師在《法華玄義》中所說，有「本門十妙」和「
迹門十妙」之分。「迹門十妙」是：一境妙，二智妙，三行妙，四
位妙，五三法妙，六感應妙，七神通妙，八說法妙，九眷屬妙，十
利益妙（詳見《法華玄義》卷二）。「本門十妙」是：一本因，二
本果，三國土，四感應，五神通，六說法，七眷屬，八涅槃，九壽
命，十利益（詳見《法華玄義》卷七）。

⑭ 丁福保居士曾就湛然的「十不二門」與智顗的「本迹十妙」的相通
相攝關係列過一表，現轉錄於下，以供參考：（詳見丁福保編《佛
學大辭典》，頁104）

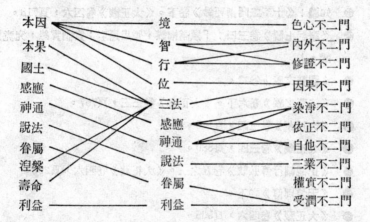

⑮ 《十不二門》。引自石峻等編：《中國佛敎思想資料選編》第二
卷，第一册，頁 262。以下凡出自《十不二門》之引文，均不再加
注。

⑯ 《十不二門指要》卷上。《大正藏》卷四六，頁711。

⑰ 《十不二門指要鈔》卷上。《大正藏》卷四六，頁708。

⑱ 《十不二門指要鈔》卷上。《大正藏》卷四六，頁710。

⑲ 《續藏經》第九五册，頁814。

⑳ 《十不二門指要鈔》卷下。《大正藏》卷四六，頁 713。

㉑　《十不二門指要鈔》卷下。《大正藏》卷四六，頁713。

㉒　智顗在《法華玄義》卷五中說：「言三法者，即三軌也。軌名軌名軌範，還是三法可軌範耳。……三軌者，一眞性軌，二觀照軌，三資成軌。名雖有三，只是一大乘法也。」

㉓　《十不二門指要鈔》卷下。《大正藏》卷四六，頁715。

㉔　知禮：《十不二門指要鈔》卷下。《大正藏》卷四六，頁716。

㉕　知禮：《十不二門指要鈔》卷下。《大正藏》卷四六，頁716。

㉖　知禮：《十不二門指要鈔》卷下。《大正藏》卷四六，頁718。

㉗　知禮：《十不二門指要鈔》卷下。《大正藏》卷四六，頁718。

㉘　知禮：《十不二門指要鈔》卷下。《大正藏》卷四六，頁718。

㉙　《摩訶止觀》卷三曰：「權謂權謀，暫用還廢；實謂實錄，究竟旨歸。」

㉚　《觀音玄義》卷二。

㉛　《法華玄義》卷六下。《大正藏》卷三三，頁757。

㉜　《大正藏》卷三四，頁140。

㉝　《大正藏》卷三四，頁880。

㉞　《止觀輔行傳弘訣》卷五之三。《大正藏》卷四六，頁296。

㉟　《天竺別傳》卷下。

㊱　《大正藏》卷四六，頁935。

㊲　《大正藏》卷四六，頁935。

㊳　《止觀輔行傳弘訣》卷五。

㊴　《止觀輔行傳弘訣》卷五。

㊵　懷則：《天台傳佛心印記》卷一。《大正藏》卷四六，頁935。

㊶　《大正藏》卷四六，頁934。

㊷　《大正藏》卷四六，頁935。

第五章　論破他宗　中興天台

　　湛然對於天台宗的最大歷史功績，當是使已經式微之天台學再度中興。爲了振興天台，湛然做了大量的、多方面的工作。這些工作首先表現在本書前三章所舉之對本宗之理論建設，其中，既有對智者創立的天台學的繼承、發揮，又有自己創建之頗富特色的「無情有性」論等；此外，由於華嚴宗、唯識宗及禪宗的興盛直接「擠招」和危及天台，因此，湛然把批判、抑挫華嚴等宗的思想作爲中興天台的其中一項重要工作，並且在批判它宗思想的同時，進一步闡發自宗之思想，極力提高自宗思想之地位。經過湛然之不懈努力，終於使天台宗出現了復興之轉機。

第一節　「漸頓」與「頓頓」──澄觀「二頓」説批判

　　「判教」是中國佛教、特別是隋唐佛教的一大特色，所謂「判教」，即是通過對各種經典的分科組織、重新安排、判釋，使它們各自在總體上既占有一定的位置，又能調和不同經論所說的各種矛盾，作爲目的之一，則是爲了擡高本派本宗之地位。
　　在中國佛教史上，南北朝時即已出現「判教」，所謂「南三北七」❶，足見「判教」在當時已相當風行。進入隋唐之後，與

宗派佛教相適應，「判教」更爲系統化。首先是天台智顗的「五時八教」說❷，其後有慈恩窺基的「八宗」，再後又有華嚴法藏之「五教十宗」❸。華嚴之「五教」，實際上是在天台「化法四教」的基礎上，再加上「頓教」而成❹。

法藏提出「五教」說的目的，主要是爲了提高華嚴宗之地位。因爲在法藏的「五教」中，始教、終教、頓教屬「同教三乘」，其中，「終」、「頓」又是「同教三乘」中的一乘，而「圓教」則是「別教一乘」❺。法藏認爲，《法華經》只是「同教一乘」，所以只是「終」、「頓」，眞正的「圓教」則是《華嚴經》，因此，《華嚴經》高出其它諸經，華嚴宗亦遠較各宗殊勝。

對於法藏的「五教」說，其弟子慧苑甚不以爲然，認爲如此判釋是在重複天台的「化法四教」，此外就毫無意義，至於所加之「頓教」，則於理不通，因爲，在慧苑看來，法藏所加之「頓教」，乃指不可言說、離絕思慮之絕對眞理——亦卽「頓教」屬「理」而非屬「教」，因此，把它與「小」、「始」、「終」、「圓」四教並列在一起，實不倫不類❻；故另立「四教」說。但是，法藏的另一位弟子澄觀卻極力維護師說，並斥慧苑之「四教」說爲異論。澄觀還於「頓教」上作了進一步的發揮，把它與禪宗相配對，這是澄觀於法藏判教學說上所作的第一項工作。

澄觀於法藏判教學說上所做的另一項工作，卽是把「頓教」進一步分爲「漸頓」與「頓頓」，把「圓教」亦分爲「漸圓」、「頓圓」，並且認爲，《華嚴經》是「頓頓」、「頓圓」，而《法華經》屬「漸頓」、「漸圓」。澄觀這樣劃分的根據是，《法華經》乃諸聲聞從小乘來，經歷諸味，至《法華經》之會方開圓頓，故判《法華經》爲「漸頓」、「漸圓」；而《華嚴經》乃佛

成道初，爲諸頓入菩薩頓說之大乘教，故《華嚴經》爲「頓頓」、「頓圓」。此說遭到荊溪湛然的極力反對，在《止觀義例》、《法華玄義釋籤》等著作中，給予了全面的駁斥、批判。

湛然之批判澄觀的「二頓」說，主要有如下幾個基本觀點：

一、《華嚴經》之「頓」，屬「頓部」，非是「頓教」

在《止觀義例》中，湛然曰：

> 依此所判（筆者注：指澄觀之二頓說）則有多妨。一者不識教名之妨，別立一頓，乃是《華嚴》最初頓部。佛初成道未游諸會，不從漸來直說於大。大部在初故名爲頓。部仍兼別不得妙名，豈以兼別之經，翻爲頓頓？《法華》獨顯却號漸圓❼。

在《法華玄義釋籤》中，湛然也有類似的說法：

> 此文以《華嚴》說大，未游鹿苑，銘之爲頓。此是頓部，非是頓教，以彼部中兼一別故。人不見者，便謂《華嚴》頓於《法華》者，誤矣❽。

此兩段話的基本思想是一樣的，都是說，人們平常所說的《華嚴經》屬「頓」，是就「部」言，非約「教」說。所謂「部」者，是按釋迦牟尼佛說法之時間順序來劃分的，《華嚴經》因是佛成道初爲頓入菩薩所說之大教，故稱之爲「頓」。而所謂「教」者，是按釋迦牟尼佛所說之教義的深淺來劃分的。根據天台之教

判，「化儀四教」屬「部」，「化法四教」屬「教」。就「部」
之「漸、頓、祕密、不定」說，《華嚴經》屬「頓」；就「教」
之「藏、通、別、圓」言，《華嚴經》屬「別」。因此，湛然稱《華
嚴經》「是頓部，非是頓教」，雖是「頓部」，卻仍「兼別」。
既然《華嚴經》「部仍兼別」而非純圓，爲什麼反而稱之爲「頓
頓」、「頓圓」，而《法華經》既「非漸、頓、祕密、不定」
❾，又屬「圓教」，怎麼反而成爲「漸頓」、「漸圓」了呢？！

二、澄觀「二頓」說不識「開漸顯頓」、「會漸歸圓」

　　澄觀立《法華經》「漸頓」，《華嚴經》「頓頓」的根據，
已如上說；此外，澄觀又依據天台「八教」說，認爲「化法四教」
之「藏、通、別、圓」乃是「化儀四教」中之「漸教」所開出，
天台宗之圓既屬「漸」，故是「漸圓」，而華嚴宗之「頓」則自
立於「漸」教之外，故華嚴宗之「圓」屬「頓圓」❿。對於澄觀
這些說法，湛然進行了全面、系統的批駁。

　　首先，根據智者大師「五時八教」說中的有關理論，湛然指
出，佛初成道時，由於衆聲聞根機未熟，故先對頓入菩薩直說大
乘，此卽《華嚴經》也；在華嚴宗時後，釋迦佛卽爲小機，施於
漸教，此謂「頓後施漸」⓫，故自鹿苑至般若三時所說之教，均
爲漸教。而如果根據智顗在《法華玄義》卷十中對頓漸之教判，
則不僅鹿苑、方等、般若三時屬「漸」，「自華嚴會來至般若，
皆有漸頓」，涅槃法華時前之四時，均是「漸中有頓，頓中有
漸」，既然這樣，如果說《華嚴經》屬「頓頓」，那麼方等、般
若等「亦應並名爲頓頓，何獨《華嚴經》？」反之，如果方等、
般若、法華等屬「漸頓」，那麼「《華嚴經》圓教亦名漸頓，何

關餘部⑫。」

　　其次，湛然認爲，從特定意義上說，《法華經》亦屬「漸頓」。但《法華經》之「漸頓」與方等、般若之「漸頓」不盡相同，方等、般若但「漸中漸」，而《法華經》則是「漸中之頓」，在《止觀義例》中，湛然曰：「今《法華經》迹門圓說，與漸頓中其義不殊，但異漸中漸耳⑬。」在《法華玄義釋籤》中，湛然也說：

　　今《法華經》是漸後之頓，謂開漸顯頓，故云漸頓，非
　　《法華》前漸中之漸。何者？前判生、熟二酥同名爲漸，
　　此二經中亦有圓頓。今《法華》圓與彼二經圓頓不殊，但
　　不同彼方等中三般若中二。此之二三名漸中漸，《法華》
　　異彼，故云非漸漸耳。人不見之，便謂《法華》爲漸頓，
　　《華嚴》爲頓頓，恐未可也⑭。

湛然這兩段話的意思是說，稱《法華》爲「漸頓」，那是從「開漸顯頓」的意義上說，與方等、般若二時之「漸中漸」意義不同。由於衆聲聞及諸鈍根菩薩，《法華經》前機緣未熟，不堪聞頓，所以，以《方等》、《般若》先以調治，方堪來至《法華經》聞頓。而此《法華》乃是「圓極頓足」之教，斯教「從於法不從於人，不應聲聞從於漸來，卽依聲聞判經爲漸」⑮，實際上，《法華經》亦不獨爲聲聞說，如經中云：「菩薩聞是法疑網皆已除等」，又云：「現在若滅後，若有聞一句，皆與授佛記。」「是故應判此《法華經》是開漸顯頓，故名漸頓。」⑯華嚴宗徒，不識此意，望聲釋義，便謂《法華經》是漸頓，非頓頓，一

何誤哉！在這裡，湛然是以「開漸顯頓」說「漸頓」。此一「開漸顯頓」，湛然又以明月譬之，曰：「實如盈，權如虧，同體權實如月輪無缺，會漸入頓如月漸圓⓱。」此謂《法華經》之「漸頓」，有如月之漸圓，自鹿苑時以來佛爲聲聞和鈍根菩薩說「漸教」者，此如虧缺之月，但其後，即逐漸歸圓，至法華之倡「會三歸一」、「唯有一佛乘，無二亦無三」時，已是純圓頓極，人不見之，便謂《法華經》爲漸圓，《華嚴經》爲頓圓，不知《華嚴經》部中有別，乃至般若中方便二教，皆從法華一乘開出，故於一佛乘，分別說三，今法華無彼二三，而「華嚴兼，鹿苑但，方等對，般若帶」，此經無復「兼但對帶」⓲。此中之優劣長短，一望可知，「如何信口開河，執迷不悟」⓳。

　　湛然在這裡主要以「開漸顯頓」、「開權顯實」去批澄觀之《法華經》「漸圓」、「漸頓」說。而此「開漸顯頓」、「開權顯實」思想，主要來自智顗的《法華玄義》。在《法華玄義》中，智者把《法華經》一經之主旨歸結爲「開權顯實」⓴，此「開權顯實」之教無其它諸經「兼但對帶」之偏弊，故是最上之經、最妙之法。在《玄義》卷十中，智顗說：「當知《華嚴》兼，三藏但，方等對，般若帶。此經無兼但對帶，專是正直無上之道，故稱爲妙法也。」湛然發揮智者《法華經》較《華嚴經》更爲殊勝的思想，目的是爲了恢復《法華經》至高無上之地位，爲其中興天台服務。

三、「《華嚴》爲根本法輪，《法華》是枝末法輪」說批判

　　華嚴宗以《華嚴經》爲宗本，天台宗以《法華經》爲宗本，

二經之高下優劣往往成爲二宗孰優孰劣、孰盛孰衰之標幟和關鍵所在，因此，高揚《法華經》、抑挫《華嚴經》就成爲湛然突破華嚴之「擠招」和中興天台之重要一環，有鑒於此，湛然對於澄觀「二頓」說的批判，也緊緊扣住了這一環。

在《止觀義例》中，湛然認爲澄觀「漸頓」、「頓頓」說的另一荒謬之處，就是抑挫《法華經》，妄贊《華嚴經》。他說：

> 近代判教，多以《華嚴》爲根本法輪，以《法華》爲枝末法輪，唯天台大師靈鷲親承，大蘇妙悟，自著章疏以十義比之，迹門尚殊，本門永異，故玄文中凡諸解釋，皆先約教判則三粗一妙，次約味判則四粗一妙。如何以粗稱爲頓頓，以妙翻作漸圓㉑？

從湛然這一段話看，判《華嚴經》爲根本法輪、《法華經》爲枝末法輪，並非澄觀始唱，而是言之久矣。事實正是這樣，判《華嚴經》爲根本法輪、《法華經》爲枝末法輪，始於南北朝時期，例如，慧觀之「五時教判」就主張「五時由淺入深」，因此，《般若》、《法華》等經都是不究竟的經典；《華嚴經》屬「五時教之外的頓教」㉒，吉藏之《法華游意》也載有這樣一段話：「昔南土、北方皆言《花嚴》是究竟之教，《法花》是未了之說㉓。」對於這種教判，吉藏曾進行過批駁㉔。而比吉藏更早一些對此說進行較全面、系統批判的，則是天台宗創始人智者大師。智者於《法華玄義》中所立之「本迹十妙」，就是旨在貶抑法華前之四時三教，而高揚《法華經》，盛贊《法華經》之殊勝玄妙。

湛然這段話中所說的「三粗一妙」和「四粗一妙」，就是智者揚《法華經》、抑《華嚴經》的其中一個基本觀點。所謂「三粗一妙」，指就「藏、通、別、圓」四教說，前三之藏、通、別，是權是粗，後一之圓教，是真、是妙；此外智顗又以五味比諸五時，卽以華嚴時比乳，以鹿苑時比酪，以方等時比生酥，以般若時比熟酥，最後以法華、涅槃時比醍醐。根據智者大師的這個思想，湛然指斥澄觀以粗為頓頓，以妙為漸圓，是「全不推求上下文意」，只根據「漸頓」一話，而望文生義，曲解聖意，謂：「《法華》劣於《華嚴》，幾許誤哉！幾許誤哉！」㉕

四、「二頓」之說，既不知相待之義，又不識絕待之意

澄觀「二頓」說的其中一個重要論點，是主張「頓頓是絕待，漸頓是相待」，《法華經》屬「漸頓」，故《法華經》只是相待妙，而《華嚴經》屬「頓頓」，故《華嚴經》是絕待之妙，對此湛然進行了針鋒相對的批駁。

首先，湛然指出，按照澄觀的說法，則應該是相待、絕待俱非頓頓，理由是：在《法華玄義》中，智者明確指出《法華經》具有相待、絕待二義，而《華嚴經》則只是相待妙。如果說兼具相待、絕待二義之《法華經》只屬「漸頓」，那麼，「何處別有頓頓」？

其次，湛然認為，若知《法華經》兼具相待、絕待二義，又以相待、絕待分「漸頓」、「頓頓」，更判《法華經》為「漸頓」，「當知此判自語相違」——因為，《法華經》既兼絕待義，按理本應是「頓頓」，但澄觀又判之為「漸頓」，這是自相矛盾的。

　　湛然此一《法華經》兼具二義說，源於天台判教學說，按照天台的理論。《法華經》、《涅槃經》前之四時，由於所化之根機未熟，故說《華嚴經》。然《華嚴經》不能開會其它三教，故於《華嚴經》之外，另存三教。相對於其它三教言，《華嚴經》爲妙，三教爲粗，但這種妙只是相待之妙，只有到了第五之法華時，由於所化之根機已熟，能開前三教之權法，使之歸入一實之妙法，故《法華經》才是絕待之妙，此其一；

　　其二，相對於前藏、通、別三教言，《法華經》又是相對之妙，故《法華經》又具有相待妙義。

　　第三，湛然稱，如此談論「相待」、「絕待」、「漸頓」、「頓頓」，是旣不知「相待」之義，又不識「絕待」之意。何者？

> 凡言相待，待前諸教爲漸爲粗，方今《法華》是頓是妙。頓居漸後兼所破說，對漸明頓故云漸頓，人不見之，徒分待絕以對二經。又亦不識絕待之意，絕於所待名絕待者，方是妙頓，彼乃離頓待別立絕名，何爲頓頓❷⁶？

此謂相待者，乃是相對待之謂，相對於以前諸教之粗之漸，《法華經》是妙是頓，也正是從相待之意義上才說《法華經》是「漸頓」……，因爲《法華經》之頓居於漸後，相對於以前諸教之「漸」，《法華經》是「頓」，故稱「漸頓」，不識此「漸頓」之相待義，故以《華嚴經》、《法華經》二經配對絕、相二待，謬甚！另外，所謂「絕待」者，乃是「絕於所待」之意，但「二頓」說離「頓待」，而別立絕名，又何成其「絕」哉！

　　第四，對於澄觀之「相待」、「絕待」說，湛然進一步指出：

「此師非但迷於玄文待絕之名，亦乃不達《法華》開會之意。」何則？湛然認爲，釋迦一代教法，會在《法華經》，如果說，《法華經》只是相待，那麼，「更立何部爲會經」？如果以《法華經》會入《華嚴經》，《華嚴經》實無開權顯實之說，這樣說來，只好另立一經以會《法華經》、《華嚴經》了？實際上，由於《華嚴經》「兼別」，故無能獨顯，旣獨顯尚且不成，連相待義都不能成立，又何以談「絕待」呢！反之，《法華經》之開權顯實，則是「會竟無二」，則「絕待」，則「咸妙頓頓不疑」，而「《華嚴經》旣粗，頓頓何在」❷。

第二節　慈恩窺基「五性各別」、「三乘真實」說批判

　　在湛然時代，「擠揎」天台的不僅是華嚴宗，由於玄奘所傳之法相唯識學曾一度對當時的佛學界具有很大的吸引力，加之李唐王朝的支持，法相唯識宗風行一時，唯識宗也成爲一個很有影響的佛教宗派，對天台宗之存在與發展形成一定的威脅。

　　法相唯識宗在中土佛教界亦稱爲「相宗」，此「相宗」與天台、華嚴爲代表之「性宗」，在許多基本觀點上存在著很大的差異或者說對立，其中最大的差異或對立有三：一是**一乘三乘異**：「相宗」主三乘眞實、一乘方便，「性宗」主三乘方便、一乘眞實；二是**一性五性異**：「相宗」主五性各別其中有不成佛之衆生且以此爲了義，「性宗」主五性各別爲方便說，以一性皆成爲眞實義；三是**眞如隨緣凝然異**：「相宗」主張眞如是凝然不變的，

不能隨緣，「性宗」主張眞如具有隨緣、不變二義。「相宗」所依據的經典是《解深密經》和《瑜伽師地論》等，但他們對於「性宗」所依據的經典如《法華經》、《華嚴經》等也多有涉獵、詮釋，其中對於《法華經》之注疏詮釋尤多。慈恩窺基的《妙法蓮華經玄贊》就是「相宗」注釋《法華經》的代表作之一。

一、窺基《法華經》判釋

　　窺基慈恩的《妙法蓮華經玄贊》的主要特點之一，是站在法相唯識學的立場去解釋《法華經》，立五性各別，主張有永不成佛之衆生，並且認爲三乘是眞實，一乘是方便。

　　在《妙法蓮華經玄贊》中，窺基將一切衆生之根機分爲五類，卽定性聲聞、定性緣覺、定性菩薩、不定種性、無性有情，並以《法華經》「藥草喻」中的「三草二木」配五性：三草者，定性聲聞、定性緣覺、無性有情；二木者，定性菩薩和不定種性。在前面三個種類中，無性之有情自然不具佛性，不能成佛，卽使是定性聲聞、定性緣覺，因爲灰身滅智之關係，也不能成佛，此爲「三無」；後面的兩個種類，則有佛性，能成佛，此爲「二有」——這就是窺基之「三無二有」的五性各別說。

　　窺基此說與《法華經》中佛爲諸聲聞授記的記述是存在矛盾的，爲了圓融定性聲聞、定性緣覺不能成佛與《法華經》佛爲聲聞授記的矛盾，窺基援引世親《法華論》，將聲聞分爲「決定性、增上慢、退大、應化」四種，並且認爲，在《法華經》中爲佛所授記的是後兩種聲聞，卽「退大」與「應化」，此是不定性之聲聞，不是定性聲聞，定性聲聞是決定沒有佛性，永遠不能成佛的❷，此其一。

其二，窺基依據《解深密經》等法相唯識學經典，認爲菩薩種性雖有佛性，能成佛，必由大乘而入於涅槃，但並非一切衆生都能成佛，都能由大乘入於涅槃，《法華經》中所以說唯有一佛乘，那是爲了引攝不定種性者，使他們不墮於二乘，進而由大乘入於涅槃；至於定性之聲聞、緣覺和決定無性之衆生，因無佛性，終不能成佛，故佛不能沒有三乘之設；進一步說，《法華經》中所說的「唯一佛乘」，實乃爲了引攝不定種性之方便說，而三乘之說才是究竟、眞實之敎義。基於這一思想，窺基在解釋《法華經》中的「三車之喻」時，絕然不同於智顗之解釋，他認爲，一乘家所說之「一乘」與「三乘」中之菩薩乘名異體同，只是廢聲聞、緣覺二乘而僅存一乘，三乘之外非有別乘，因此，《法華經》「譬喻品」之宅內三車（羊車、鹿車、牛車）中的「牛車」與宅外之「大白牛車」是一而非二。這種說法與智顗之「會三歸一」說是根本不相容的，因此遭到湛然的極力批評。

針對窺基的《妙法蓮華經玄贊》，湛然撰寫了《法華五百問論》，「此論專對破慈恩《玄贊》」❷，指出《玄贊》之五百處錯誤，對之進行詰難、批判。

二、窺基「三無二有」說批判

湛然《五百問論》的最主要一個論點，據孫宗昌的「重刻《五百問論》序」說：是爲了「開顯正意，爲決定聲聞而翻判屬有性」；湛然自己在《五百問論》中也說，此論旨在破疑，破疑聲聞永不成佛，兼破悔疑小乘不得作佛。可見，駁斥窺基之「五性各別」說，論證一切衆生（包括決定聲聞、緣覺和無種性者）

悉有佛性，都能成佛，實是《五百問論》之主旨所在。

首先，針對三草二木喩三無二有，湛然指出：

> 小草無種性得譬人、天，今謂前釋品題即以人、天爲生
> 長，若是無性，如何更生？論云：六道之中，唯有人、天
> 最勝，發菩提心，豈以新發心者即判爲無性，舊在人、天
> 者，即爲有性，彼發心者，後生人、天，還應無性，決定
> 無性，後生餘國，必須有性，故《法華》以前諸聲聞人無
> 非無性，何經簡彼發心之餘名爲定性，不信《法華》眞實
> 之說，而執權論方便之文。論自弘《法華》，前經或探取
> 於《法華》對昔而用，定判聲聞不發，故不可也。執實謗
> 權，尚招重譴，執權謗實，意在何之❸ ？

湛然這段話有這麼幾層意思：第一，慈恩把《法華經》中之小草
劃屬人、天，判爲無性，此種判釋，不僅違論，而且悖經——因
爲《法華經》「釋品題」即以人、天爲生長，若是無性，何談生
長？再者，論中也說，人、天、阿修羅、地獄、餓鬼、畜生等六
道中，人、天最爲殊勝，能發菩提心，豈以能發菩提心反爲無
性？第二，就佛教經典言，在《法華經》之前的各種佛教經論，
多認聲聞無性，但並沒有哪一部經典指認聲聞爲定性聲聞，而到
了《法華經》，即明言佛爲聲聞授記，爲什麼不依據《法華經》
之眞實、究竟之敎，反而執《法華經》以前的權說方便之論？論
本是闡釋經的，而窺基不執經而執論，或者執《法華經》前之權
敎經典。執眞實之敎以謗毀權便之說，尚且要遭到重譴（因眞
實、權便都是佛說），而今窺基以權便之經、論謗毀眞實之敎，

其用心何在？

　　在《法華玄義釋籤》中，湛然對於《法華經》中「三草二木」之喩，也有所論述，指出：「三草二木是施權，一地一雨是顯實❸。」此謂對於不同根機所做的種種說法，都只是一些權便之敎，眞實而言，一切說敎，都是佛法，一切衆生，都是一佛地所生，換言之，一切衆生都有佛性，平等無差。至於窺基以世親之《法華論》把聲聞分爲定性與不定性兩種，湛然斥之爲看錯了世親的《法華論》。

　　其次，湛然從《法華經》佛爲諸聲聞授記置論，廣釋聲聞決定有性，定能成佛。在《五百問論》中，在回答「授記義差別如何」時，湛然曰：此授記義凡有種種：一是針對有些經論所說的聲聞決定沒有佛性，不能成佛，今授記之，「令生定解」；二「爲除菩薩疑心，久疑聲聞不得作佛」，此謂《法華經》前的經典多有言及「聲聞不求於大」的說法，「須佛記已，方除疑耶」；三是「爲顯佛法身平等故」。《法華經》主旨，開權顯實，會三歸一，三草二木，均爲一地所生，一雨所注，身子等聲聞，與諸大菩薩等，同是諸佛法身之體現，而「諸佛如來法身之性，同諸凡夫二乘，法身平等」❸，「今謂若身子不得法身，將何顯同」？最後，湛然又把矛頭對準窺基之聲聞無性說，他說：如果佛不爲諸聲聞授記，後代有些人立「一分無性」，「一切衆生豈皆不作決定性耶」，亦卽此授記義乃在於昭示「一切衆生悉有佛性」。

　　第三，湛然引世親《法華論》中所說「決定、增上慢未熟」語，駁窺基之判此二種聲聞決定無性，云：「今違經背論，……論云未熟，而改云無，如樹上果，果未熟時，與元無果其理同耶？……未熟則是後時必定當熟❸。」此謂窺基不唯違經，而且

悖論，世親只言決定、增上慢兩種聲聞未熟，窺基則把它纂改爲無性，此如樹上果雖未熟，但絕非無果，今時未熟，日後必有成熟之時，何以判言決定無性！

窺基又引《法華論》所說《法華經》中佛不爲「決定、增上慢」兩種聲聞授記，是「根未熟故」，佛未與記，並解釋說：「未者不也，永不與記。」對此，湛然駁斥曰：

> 今謂論文但云根未熟故，如來未記，此唯現在未記名不；論又云菩薩與記，菩薩方便令發心故。故知不得云永不發，故知論文真得經旨，故以滅想。其士得聞，如何曲釋以未爲永，若爾應當種未熟時，名爲不熟，懷任未生，名爲不生，如人未死，名爲不死耶❸❹？

此文論旨與上文同，均在指斥窺基曲解世親之《法華論》，並以簡明之邏輯推演，駁斥窺基之兩種聲聞決定無性說。

第四，湛然之批判窺基的「五性各別」、「三無二有」說，雖也偶爾引用法相唯識系經論，但更多地則是援引被他視爲最究竟、眞實之《法華經》，以論證衆生有性。此一論證，從思維路數說，大致有如下幾層：

1.論申於經，不可以論害經：由於法相唯識系的一些論師主張「五性各別」，因此，在此系論中確有「一分無性」之說法，此如《佛地經論》、《顯揚聖教論》、《大乘莊嚴經論》乃至於《瑜伽師地論》等，窺基常常以這些論爲根據，倡有永不成佛之衆生。針對窺基這一做法，湛然指出：「論申於經，何不兼指所申之經，而獨引能申之論❸❺？」對於湛然的這一思想，爲

《五百問論》作序之孫宗昌看得眞切，把它視爲湛然《五百問論》思想「大要」之一，他指出：「（《五百問論》）條章雖多，大要有三焉。一開顯正意，爲決定聲聞而翻判有性，以敗種之論，通再活之經。安得今已生，竟引論滅之❸❻？」

2. 不可曲解論意：就論而言，窺基也多曲解論意，如以上所言之世親《法華論》，世親只云「未熟」，窺基則曰「不熟」；又如《瑜伽師地論》更言：「若已建立阿賴耶識，依無色界，亦入滅定，信有藏識不斷絕故。今謂何故自立定性之人，滅第八識？今何更引不斷之文？若定性不斷第八識者，而言永不發菩提心，終無是處。自立自壞，義亦同前❸❼。」湛然這是以法相唯識系之「阿賴耶識說」爲依據，指出，只要染淨所依之藏識尚在，就有發菩提心之可能，就有轉識成智、成佛之可能，何故自立定性之人呢?!從邏輯上說，這是自論相違、自立自壞。

3. 經有權實，不可引權證實：由於各種佛教經典對於佛性問題常常說法不一，甚至一部經中也常有首末易唱之現象，因此各種佛性說常常都是「持之有據，言之成理」的，此中究竟何者爲方便說，何者爲究竟義，這必然要聯繫到各種經典的權實問題。湛然之批判窺基的「五性各別」說，也緊緊抓住這一點。

根據天台教判，法華、涅槃時乃是最高之終極說法，故湛然所依據的，自然是這兩部經，他在各種論著中屢屢言及，《法華經》開示十界皆成佛，《涅槃》明一切衆生悉有佛性，何以把定性聲聞、緣覺排除在外呢！此其一。

其二，《深密》之與《法華》、《涅槃》，孰先孰後？窺基依據《解深密經》的三時教判，把佛教經典分爲三類：一多說有宗，阿含等；二多說空宗，卽《中》、《百》、《十二門論》及

諸般若經等；三非空非有宗，即《華嚴》、《深密》、《法華》
等。此說的一個重要特點是把法相唯識系之《解深密經》與《華
嚴》、《法華》擺在同一類，此說遭到湛然的反對和批判。依天
台敎判，依味，則前四屬乳、酪、生酥、熟酥，《法華經》、
《涅槃經》屬醍醐，「醍醐最上」；依敎，則前三屬粗、屬權，
《法華經》、《涅槃經》屬妙、屬實，不可同日而語。故在《五
百問論》中，湛然詰之曰：

> 何故苦依《深密》而云此經當第三時？……若以《深密》
> 為最後敎判，一切敎但三時者，《深密》為是《法華》
> 《涅槃》前耶？後耶？《華嚴》自云初成時說，故知乃是
> 最初成道先說之敎，判與《法華》、《深密》同時，驗知
> 不了《深密》與《法華》、《涅槃》時味前後。❸

此謂《深密》等唯識系經典，乃是釋迦對於不同根機之人的方便
說敎，只有到了涅槃、法華時，所開示的才究竟、了義之敎，因
此，不可把權便說與眞實義混爲一談，更不可以權便說代替眞實
敎，依眞實之敎，則「上根下根，皆與記別」❸，「三界衆生，
悉是佛子……更無三乘；十方佛土，只有一乘，誰存五性」❹。

三、窺基「三乘眞實、一乘方便」說批判

關於湛然作《五百問論》之因由旨趣，孫宗昌在其序中曰：

> 若慈恩基師專據《深密》，主張《瑜伽》，以三時敎該括
> 一化三無二有，統轄衆機，其極至乎以一乘為權，三乘為

　　實矣。斯旨也始與我所弘《法華》之者，（《五百問論》
第 666）乎不相容焉，則不得不作，為《玄贊》別立一家
之説也❹。

這段話明確道出湛然作《五百問論》的一個重要原因，就是爲了
批駁窺基之「一乘爲權，三乘爲實」説，且點示出此説與《法華
經》之根本宗旨是不相容的。

　　確實，《法華經》之根本旨趣，乃在於開權顯實、會三歸一，
此誠如湛然所説的：「今經唯爲一乘故，破二會二歸於一乘，爲
《法華》宗主❹。」

　　天台以《法華經》爲宗本，欲中興天台，自必須弘揚《法
華》之敎旨。針對窺基之「一乘是權」説，湛然在《五百問論》
中指出：

　　昔敎機別故，四實一權；今敎機同故，須四權一實。……
　　故知《勝鬘》、《解深密》小機未熟故，彼部中得於小
　　果，故須以四赴衆機，各各皆實，故云四實；至法華會，
　　一切皆實，故一實四權，故此經中，更無人得小果者，…
　　…若言必定一乘爲權，應當《深密》、《勝鬘》在諸敎之
　　上❹。

此謂佛在説《深密》、《勝鬘》經時，由於衆生根機未熟，故觀
機逗敎，稱「四實一權」，故其時部中，多得於小果；然至法華
會時，由於衆生根機已經成熟，故佛開示眞實敎法，説一實四
權，故法華會中，無人得於小果。但此二説究竟何説爲了義、爲

究竟？湛然認爲，若言一乘爲權爲究竟義，則《深密》、《勝鬘》應在諸敎之上，然諸家敎判無有是說，而《法華經》出諸敎之上，是最上醍醐，此乃各家之共識，何以執權謗實，執權證實呢！

　　在批判窺基的「一乘是權」說過程中，湛然著重闡發了《法華經》的「開權顯實」、「會三歸一」思想。他認爲，一乘、三乘之關係，實是「於一佛乘，分別說三，三外無一，一外無三。今會三歸一，三一不二。」此正是《法華經》所說的「諸佛如來方便力，於一佛乘，分別說三」及「十方佛土中，只有一佛乘，無二亦無三，時佛方便說」❹的意思。當然，天台宗尤其是湛然之解釋《法華經》，並不完全偏限於《法華經》中所說的，如湛然此處所說的「會三歸一」，就頗有自家旨趣在。

　　所謂「會三歸一」，通常是指融會三乘之權便說，歸趣一乘之眞實義。但此中所歸會之一乘，則諸家解說不同，如窺基就認爲「一乘」與「三乘」中之菩薩乘名異體同，只是廢聲聞、緣覺二乘而僅存一乘，三乘之外非有別乘，因此，《法華經》「譬喩品」之宅內三車中的「牛車」與宅外之「大白牛車」是一而非二。湛然則承繼、發揮智顗的有關思想，認爲「三乘」中菩薩乘，並無實因實果，僅是假說而已，因此，此菩薩乘與所歸會之一佛乘是不同的，自然，《法華經》「譬喩品」的宅內三車中的牛車與宅外之大白牛車也是不同的。也就是說，三乘中之菩薩乘與聲聞緣覺三乘一樣都是方便說，只有所歸會之一佛乘方具究竟、眞實之義。在湛然看來，「三乘」與「一乘」的關係，猶如指之與拳，分之則指，合之則拳，此與窺基之一乘是三乘中之菩薩乘的說法，無疑迥異其趣。

四、窺基「理佛性」、「行佛性」說批判

窺基是唯識宗的「百部疏主」，唯識宗的主要著作，大多出自窺基之手。《高僧傳》說：「奘師爲瑜伽唯識開始之祖，基乃守文述作之宗」❹，「奘苟無基則何祖張其學乎」❻，可見，唯識宗之建立與盛傳，多得力於窺基。正因爲這樣，湛然對於法相唯識學之批判，緊緊抓住窺基。

窺基對於唯識宗用力最勤、論述最多的，當推「五種種性說」，此乃玄奘對窺基之私授密傳，是唯識宗立宗之根本，故窺基維護此說最是不遺餘力。除了以上言及的，窺基藉對《法華經》的闡釋，提出「三無二有」說，主張決定聲聞、決定緣覺及無種性者沒有佛性外，他更於《成唯識論掌中樞要》等著作中提倡「一分無性」說。

與《楞伽經》倡闡提有二種不同，窺基更分闡提爲三種：一斷善闡提，二大悲闡提，三畢竟無性。並說斷善闡提是因成果不成；大悲闡提是果不成因成；畢竟無性是因果俱不成，明確主張有一類衆生不具佛性，永不成佛。窺基還以「少分一切」去會通《涅槃經》中所說的「一切衆生悉有佛性」，認爲《涅槃經》所說的「一切」，是指「少分一切」，即除闡提之外的一切。這樣，《涅槃經》中「一切悉有」就成「部分一切」；另外，他又從「理佛性」、「行佛性」的角度去詮釋闡提無性思想，認爲若依《涅槃經》，則只有一機，若依《法華經》則唯一佛乘，但若依據唯識經典，則可分佛性爲二，一是「理佛性」，二是「行佛性」。就「理佛性」說，一切衆生悉有，就「行佛性」說，一闡提則不具佛性。這樣，所謂一闡提人沒有佛性又變成是沒有「行

佛性」，並非沒有「理佛性」。從理論上說，這種說法有一個漏洞——湛然就是抓住這一漏洞，對窺基進行反駁。

在《五百問論》中，湛然指出：

> 前皆有之，後或有無，談有藏無，説皆作佛。今謂若唯一機，何以二三？二三是機，不應唯一。唯言表獨，一切不開，若諸教更開，則唯言成誑。徒立二藏，二無二也。理必行在於當，行必理在於昔。豈有前皆具有，令後或有或無。若弘教者談有藏無，過在談者；若言在佛，經無此言。經無説有增謗之義，理在於斯❹❼。

在這裡，湛然首先以窺基所言「若涅槃經，唯有一機」反斥窺基，亦即既然「唯有一機」，何以有二三之談、行理之設?!其次針對窺基把如來藏一分爲二：一是《勝鬘經》所說之如來藏，一是《楞伽經》所說之如來藏，前者屬「理」，後者屬「行」，湛然認爲如此判釋，是「徒立二藏，二無二也」；第三，湛然就「行」與「理」相互關係，從理論上予以駁斥，認爲「理」乃是「行」之根據、「行」之原因、「行」之過去的潛在形式；而「行」則是「理」之當下表現，是「理」之結果。豈有前有後無、有因無果之理?!第四，湛然以佛經爲依據，指出經上並沒有「行佛性」、「理佛性」這種說法，這純粹是「增謗之義」、「談者之過」。

此外，針對窺基以《瑜伽》、《善戒》、《地持》諸經論把佛性分爲「性種性」與「習種性」兩種❹❽，認爲「無始法爾，六處殊勝，輾轉相續」之「本性住種性」是就「行佛性」言，若無

此「行佛性」，「雖復發心，勤行精進，終不能得無上菩提，但以人天而成熟之」，湛然指出：照此說法，不但決定聲聞無性，人、天也屬無性，「二乘尚判爲無，三途四趣道理非有」，也就是說，凡界六道幾乎都無成佛之希望。其實，在「性宗」之經典中，不唯二乘被佛授記，一切人、天乃至地獄、餓鬼、畜生諸惡道也均有佛性，都能成佛，今何不依據眞實、究竟之經，而單引「不了抑揚之敎」，殊可悲矣❹。

第三節　禪之「單傳暗證」批判

在湛然時代，與唯識宗、華嚴宗、天台宗並行的還有禪宗。與其它宗派比，禪宗沒有得到當時統治者的直接支持，但它卻以思想取勝。禪宗思想的特點是：「直指人心，見性成佛，敎外別傳，不立文字」。這種思想與其說是來自達摩所傳之「西來大意」，毋寧說是中國古代社會歷史條件與傳統思想文化的產物，更準確地說，是印度佛敎與中國傳統思想文化相互融合的產物。

隋唐時期的佛敎諸宗派，除唯識宗外，都具有較濃厚的中國化色彩，其中尤以禪宗爲最。禪宗思想的這一特點，使得它在傳播、流布方面具有較大的優勢，因此，自中唐之後，發展迅速，成爲一個很有影響的佛敎宗派。禪宗雖然不像華嚴宗那樣有許多思想是直接針對天台宗的，但其勢力之擴大，客觀上也「擠掐」了天台宗，加之，其思想方法與內容也與天台宗多有不同甚至相悖之處，因此湛然也把批判之矛頭對準了禪宗。

湛然對禪宗的批判，主要指斥它只講慧悟，不依言敎，只重

傳心，不立文字，認爲這種「直指單傳」是「有觀無教」，是「暗證」。在《止觀大意》、《止觀義例》及《法華玄義釋籤》等著作中，湛然多次言及禪宗之「暗證」猶如「單輪隻翼」、「盲者之行」，認爲靠這種禪法很難或者說不可能達到學佛之目的。

　　與對華嚴、唯識二宗之批判不盡相同——對華嚴之澄觀，湛然有諸如《金剛錍》、《止觀義例》之專門批判；對慈恩窺基之批判，湛然亦有《五百問論》之專論，但對於禪宗之批判，湛然則取另外一種形式，卽在指出禪宗「單傳暗證」如「單輪隻翼」之偏弊後，則主要從正面闡述正確的修行方法，如認爲禪宗之「暗證」如「單輪隻翼」，而天台宗之「止觀並重」則有如「車之兩輪，鳥之雙翼」；禪宗之「直指單傳」如「盲者而行」，而天台宗之「引教證觀」、「觀與經合」則「如人有目」、「印心成行」。甚至於可以這麼說，對於華嚴、唯識二宗的批判，湛然主要採取「先破後立」、「破中有立」的原則，而對於禪宗之批判，湛然則主要採用「先立後破」、「在立中破」的方法。而在此一立一破之中，湛然系統地闡揚和發展了智者創立的天台宗修行理論。

　　湛然在批判禪宗之「暗證」同時所闡發的天台宗之修行理論，從大處立言，大致有二：一是強調「**教觀並重**」，二是提倡「**定慧雙修**」：

一、有教無觀則罔，有觀無教則殆

　　在《止觀義例》中，湛然指出：佛法流傳至今，已到末法時代。佛陀在世時，尚且須以言教教化衆生，末代鈍根，若無經教之扶助，則「正行傾覆」，佛之經教，都是「爲令衆生開示悟

入」，只有藉助於經教之扶助，「方能遠運」❺⓿。因此，湛然主張
慧觀之與經教，二者不可偏廢：一方面，人們應該「引教證觀」；
另一方面，應該「觀與經合」❺❶。用湛然自己的話說，「凡修觀
者必依於教」，應該「內順觀道，外扶教門，依而修行，必不空
過」❺❷。他認為，天台宗所以遠比諸宗殊勝，重要原因之一，就
是天台宗是以「醍醐最上」之「《法華》為宗骨」。此外，天台
宗之教法與觀法都是有其經典根據的，他不止一次地指出：本宗
是「以《法華》為宗骨，以《大論》為指南，以《大經》為扶
疏，以《大品》為觀法，引諸經以增信，引諸論以助成。觀心為
經，諸法為緯，織成部帙，不與他同」❺❸，也就是說，對於各種
佛教經論，天台宗都十分重視，絕不像禪宗那樣，置佛教經論於
不顧，妄自在那裡「以心傳心」、「瞎行」、「暗證」。

　　從思想淵源上說，湛然這種「教觀並重」的思想是繼承了智
顗的傳統。在《法華玄義》中，智顗曾說：「今釋此三教，各作
二解。一約教門解，二約觀門解。教門為信行人，又成聞義；觀
門為法行人，又成慧義。聞慧具足，如人有目❺❹。」而湛然所承
繼、弘揚之智顗的這種教觀並重的思想，對後來的天台學又產生
了深刻的影響，至明代之天台學者，就更加明確提出：「佛祖之
要，教觀而已。觀非教不正，教非觀不傳；有教無觀則罔，有觀
無教則殆❺❺。」

二、止是觀家之止，觀是止家之觀

　　湛然除了批判禪宗之「有觀無教」外，還指責那些「但暗證
觀心之人」，認為這種人是「抱暗證之炬，燒勝定之手」❺❻。他
特別推崇智顗所倡導的「止觀並重」思想，認為「止」之與「觀」

是二而不二、相輔相成的，「止是觀家之止，觀是止家之觀」❺，強調應該由觀資止，由止成觀，「止觀不二，境智冥一」❺。

　　止觀學說在天台宗的思想中具有十分重要的地位，湛然要中興天台，自然極其注重對止觀學之闡發、弘揚，而湛然對於闡揚智者止觀學說的不遺餘力，從他著作本身就可以看出來。其四十卷之《止觀輔行傳弘訣》，治天台學不可不讀的《止觀大意》，彈斥華嚴、禪宗之偏曲而闡發天台教觀之正義的《止觀義例》，都是對智者止觀學說的繼承、闡揚和發揮，而這些著作對於中興天台，其意義實是毋庸置疑的。

三、以二十五法爲方便、十乘十境以爲正修

　　湛然斥禪宗爲「暗證」，但如何修行才是「明證」而不是「暗證」呢？對此，湛然依據智顗的「圓頓止觀」，作了大量的發揮。在《止觀義例》中，湛然說：「修行俱須二十五法以爲方便，十乘十境以爲正修❺。」在《止觀大意》中，湛然更根據自己對天台學之深刻理解，對智者之止觀學說進行提綱挈領的闡述，他認爲，這些就是沒有「暗證」偏弊之正確的修行方法。

　　在《止觀大意》一開頭，湛然就指出：

> 今家教門以龍樹爲始祖，慧文但列內觀視聽而已，洎乎南
> 岳天台，復因法華三昧，發陀羅尼，開拓義門觀法周備，
> 消釋諸經，皆以五重玄解十義，融通觀法，乃用五科方便
> 十乘軌行❻。

此謂天台之教觀，源於龍樹，但眞正創立天台一家觀法的，則是

南岳慧思和天台智顗。慧思、智顗依據法華三昧，倡導圓頓止
觀，使天台之觀法日臻完備。就詮釋經教言，天台均以五重玄釋
十義❻；就觀法說，乃用五科方便、十乘軌行。所謂「五科」者，
即總二十五法於五類：一是「**具五緣**」。五緣者，一衣食具足，
使離各種希求、欲望；二持戒清淨，使離各種惡道之因；三閑居
靜處，使離憒鬧之事；四息諸緣務，使棄各種猥瑣繁雜之業；五
須善知識，使有諮疑之便。此具五緣都有事與理兩個方面；二是
「**訶五欲**」。五欲者，色、聲、香、味、觸也，正報、依報均具
此五欲，均須訶滅，訶之又有事之與理二重；三是「**棄五蓋**」。
五蓋者，貪欲、瞋恚、睡眠、掉悔、狐疑也。此謂只有無欲方堪
入觀，如若不棄此五蓋，則難入正觀，故須棄，棄之又有事理二
棄；四者「**調五事**」。五事者，身、息、心、眠、食也。前三內
調，後二外定，使身、心不急迫、浮躁，眠、食各恰到好處；五
者「**行五法**」。五法者，樂欲、專念、精進、巧慧、一心也。樂
欲使生希慕之心，專念使能憶持，精進使不間斷，巧慧使心思回
轉，一心使心專一，令無他求。湛然認為，必須具備了這些條件，
才有可能獲得「正觀」，並非像禪宗所說的，單靠理智慧悟，便
可直指見性。

那麼，何謂「正觀」？湛然曰：「正觀者何？所謂十法。若
無此十，名壞驢車。又此十法，雖俱圓常圓，人復有三根不等。
上根唯一法，中根二或七，下根方具十❻。」也就是說，所謂
「正觀」，即是十乘觀法，若無此十乘觀法，即是「乘邪見乘，
入險惡道」❻。再者，雖然此十法本身俱圓常圓，但由於眾人之
根機鈍利不等，故所修之觀法也各各不同。就上根者說，只修一
法足矣；而中根之人，則須修二法或者七法，至於下根之人，則

須十法具足。上根所修之一法是什麼呢？湛然曰：「上根一法者，謂觀不思議境❻。」此「不思議境」，包括湛然著述在內的各種佛教典籍之詮釋均虛玄、晦澀得很難思議，尤難言語，就湛然此處所說，蓋指即空即假即中之妙境，更明白一點說，即是人們當前現實之一念心。按照智顗的說法，佛法太高，眾生法太廣，唯有心法，最是當前現實，此中尤以人們當前之每一念心更爲現實。因此，天台宗之觀心，主妄心觀，以陰妄之心念爲所觀境（此說至宋代衍生出眞心、妄心觀之爭論，此留待後述，此不贅）。湛然繼承智顗此一思想，把妄心觀作爲觀法之最上，稱：「如是觀者，名觀心性」、「如是觀者，名觀煩惱」，而按照天台宗圓融無礙之理論，「說假，即空即中」，「心佛與眾生，是三無差別」，因此，觀陰妄心境，即：「是觀眞如，是觀實相，是觀眾生，是觀己身，是觀虛空，是觀中道，故此妙境爲諸法本，故此妙觀是諸行源，如是方離偏小邪外，所以居在十法之首。」也就是說，上根之人，只要直接觀想當下之陰妄心境，就可獲取「正觀」。

至於中根之人，湛然說：「中根未曉，更修下法」。下法者，「起慈悲心」。

二起慈悲心。觀境不發，須加發心。

所謂「起慈悲心」，亦即當自己之根機不能於觀陰妄心境而開悟者，則須進一步發弘願，起慈悲心，由此逐漸進入聖位，如若還不能入者，則是由於「心不安」，因此，必須修第三法。

　　三安心者先總，次別。所言總者，以法界為所安，以寂照
　　為能安。若知煩惱及以生死本性清淨，名之為寂，本性如
　　空，名之為照。此煩惱生死復名法界，即此法界體用互
　　顯，體是所安之法界，用是能安之寂照。體名平等法身，
　　亦具三德；用名般若解脫，亦具三德。體用不二，三德理
　　均。……所言別者，雖復安之，彌暗彌散，良由無始習性
　　不同，故今順性逐而安之。

此「安心」之法，湛然以「總別」、「能所」、「體用」詳論
之。總者：「以法界為所安，以寂照為能安」。一切諸法本性清
淨，此名為「寂」，本性如空，此名為「照」，以真空之理智，
照清淨之本性，此為「寂照」。就「能所」言之，「法界」是所
觀，「寂照」是能觀；就「體用」言之，「所安」之「法界」是
「體」，「能安」之「寂照」是「用」。然能所不二，體用互顯，
因此體用能所均具三德，一切諸法無非平等法身，識得此理，心
可安矣。別者：由於眾生習性不同，因而有些人「雖復安之，彌
暗彌散」，總不得安寧，這種人，就應該「順性逐而安之」，或
聽或思或寂或照，因機而行，隨樂所治。何以故？──「有因寂
照而善根增長，有不增長；有因寂照煩惱破壞，或有不破。」因
此，應該隨機順性，逐而安之。如果這樣尚不能入於正觀者，則
是由於「破法不遍」，因此，應該修第四法。

　　四破法遍者，眾教諸門，大各有四，乃至八萬四千不同，
　　莫不並以無生為首，今且從初，於無生門遍破諸惑，復以
　　無生度入餘門。縱橫俱破，令識體遍。

此謂佛教諸門以「無生」為首，故欲破「法遍」，當首以「無生」法破之。「無生」者，不生不滅之謂也，一切衆生於無生中，妄見生滅，是故有種種或障情執，若能了此不生不滅之理，卽能遍破種種惑障情執，識此心性體遍，入於「正觀」，「若不入者，應尋通塞」。

> 五識通塞者，雖知生死煩惱為塞，菩提涅槃為通，復應須識，於通起塞，此塞須破，於塞起通，此通須護。……節節檢校，無令生著，著故名塞，破塞存通，非唯一軌，有心皆爾。

此謂雖知通塞本身尚不夠，還應於此基礎上進一步存通破塞。所謂「塞」者，執著之謂也，旣不可執著於生死、煩惱，亦不可執著於菩提、涅槃，只要做到無所執著，便可入於法性。「若不入者，道品不均」。

> 六者道品調適者，約門遍破，於理又昧，應須七科次第調適。

此謂諸門遍破，仍不開悟，就必須用七科三十七道品一一調適，根據各自之根機，擇適其根機之道品而修，一般地說，中根之人，用此六法，必發眞證，若再不悟，蓋由惡事障理之故，如此，則須再修第七法。

> 七助道對治者，《涅槃》云：衆生煩惱非一種，佛說無量

對治門。夫不信有對治之人，當知此人未曉正行。若識己
身正行未辨，良由事惡助於理惡，共蔽理善，令不現前。
……先修事度以治事惡，事惡傾矣，理善可生。……中根
用觀，極至於此。

這是說 如果用前六法尚 不能入於正觀 ，則可以進一步修五停心
觀、衆六度行以對治修惑事惡，修惑、事惡一旦棄除，理善自然
明了顯現，中根之人，極其限者，用此七法，定能開悟，再不開
悟入於正觀，則屬鈍根下流了。

八知次位者，下根障重，非唯正助不明，却生上慢，謂已
均佛，未得謂得，未證謂證，須知次位，使朱紫不濫。

此謂鈍根之人，惑障極重，各種正道，非但不能幫助他開悟入於
正觀，相反地，他卻產生增上慢之心，未得謂得，未證謂證，荒
唐地認為自己已經成佛，與佛無殊。此時，最重要的是應該讓他
懂得凡、聖之階位次第，棄除增上慢之心，進而為之講說聖位之
殊勝，使其欣慕長遠之位，生增上信，破大煩惱，見第一義。

九安忍者，圓頓行人，初入外凡，外招名利，內動宿障，
宿障縱薄，名利彌至，為衆圍繞，廢損自行，因茲破敗，
豈能進道，外人視之，猶為大聖，如樹抱蝎，表似內虛，
唯當自勉，不為所動，得入內凡，名為似位。

此謂如果明了凡 聖之位次又不能 安於其位 ，則應該進修安忍之

法，修此安忍之法，重要的是要能破除內、外之惑障、執著，不
圖虛表，不慕名利，經常策勵自己，如此，則可進入相似之位。
然其時切不可滿足於此，「若專住似位，名為法愛」。

> 十離法愛者，已得相似，六根互用，已破兩惑，求無墜
> 苦，愛此似位，名為頂墮；……若修離愛，進入銅輪，名
> 為十住，分身百界，一多相即。

此謂修至相似之位，已永斷見思二惑，永不復入三途，如果此時
滿足或執著於所得之法，於此頂位墮落不前，即為頂墮。若能於
此基礎上繼續進修，更進於十住，亦即住於佛地，方可謂得正
觀、獲真證。

最後，湛然總結道：

> 故一家觀法入道次第，稍異諸說，以附諸經，成行相故。
> 則內順觀道，外扶教門，依而修行，必不空過。

可以說，這也是湛然所闡揚之天台宗「正觀」與禪宗「暗證」之
根本區別，亦即，一個主張「教外別傳、以心傳心」，強調理智
慧悟、直指見性，一個注重教觀並重、定慧雙修，主張內順觀
道、外扶教門，認為修行應該根據根機、講究次第。湛然的這種
修行理論連同他在批判華嚴、唯識二宗的有關學說中所闡揚的各
種理論，對於抵抑禪宗及其它宗派的思想，中興天台之學，擴大
天台宗的影響，都具有重要的意義。

注　釋

❶　魏晉南北朝時南地三家、北地七家之判敎。據智顗《法華玄義》卷十記載，南地判敎之三家是：一、虎丘岌法師之五時敎（頓敎、有相敎、無相敎、常住敎、不定敎），二、宗愛法師之四時敎（有相敎、無相敎、同歸敎、常住敎），三、慧觀法師之五時敎（有相敎、無相敎、襃貶抑揚敎、同歸敎、常住敎）；北地判敎之七家是：一、北地師之五時敎（人天敎、無相敎、頓敎、漸敎、不定敎），二、菩提流支之二敎說（半字敎、滿字敎），三、佛馱光統之四宗說（因緣宗、假名宗、誑相宗、常住宗），四、護身寺自軌法師之五宗說（因緣宗、假名宗、誑相宗、常住宗、法界宗），五、耆闍寺凜法師之六宗說（因緣宗、假名宗、誑相宗、常住宗、眞宗、圓宗），六、北地禪師之二大乘敎（有相大乘、無相大乘），七、北地禪師之一音敎（唯一佛乘）。

❷　「五時八敎」：智顗把釋迦一代敎法分爲五個時期，卽華嚴時、阿含時、方等時、般若時、涅槃法華時，此五時是根據說法對象根機利鈍建立的；此外，他又把上述五個時期所說之法，分爲「化儀四敎」與「化法四敎」。「化儀四敎」是指釋迦說法之形式和方法，它包括頓、漸、秘密、不定；「化法四敎」是按敎理的深淺劃分的，包括藏、通、別、圓四種。八敎穿挿在《法華經》以前之四時，《法華經》、《涅槃經》爲最後之第五時，它是化導之終極，純圓獨妙，高出八敎之表。

❸　所謂「五敎」，卽把一切經敎判爲五類：一小乘敎，二大乘始敎，三大乘終敎，四大乘頓敎，五大乘圓敎。所謂「十宗」，是在窺基「八宗」說的基礎上再加上第九、第十宗：一是法我俱有宗，二是法有我無宗，三是法無去來宗，四是現通假實宗，五是俗妄眞實宗，六是諸法但名宗，七是一切皆空宗，八是眞實不空宗，九是相

想俱絕宗，十是圓明具德宗。

❹　華嚴宗之慧苑法師在《刊定記》中說：「此五（指五教）大都影響天台，唯加頓教令別爾。然以天台呼小乘三藏教，名謬濫故，直目名小乘教，通教但被初根，故名初教，別教被於熟機，故名終教，圓教之名依舊也。」澄觀在《華嚴玄談》中也說：「若全同天台，何以別立？有少異故，所以加之，天台四教皆有絕言，四教分之，故不立頓；賢首意云，天台四教絕言，並令亡詮會旨，今欲頓詮言絕之理，別為一頓之機。」慧苑、澄觀二說都認為華嚴五教與天台四教大同小異。

❺　參見呂澂著《中國佛學源流略講》，頁195。

❻　參見蔣維喬著《中國佛教史》，上海書店本卷三，頁5～6。

❼　引自石峻等著《中國佛教思想資料選編》第二卷，第一冊，頁246。

❽　《法華玄義釋籤》卷二。《大正藏》卷三三，頁822。

❾　《止觀義例》。石峻等編《中國佛教思想資料選編》第二卷，第一冊，頁247。

❿　湛然於《止觀義例》中引述澄觀的觀點曰：「八教謂漸、頓、秘密、不定，漸又四謂藏、通、別、圓，此四兼前名為八。漸中既有最後一圓，漸近又復更立一頓，故知前圓但是漸圓，別立一頓即是頓頓。」

⓫　《法華玄義釋籤》卷二。《大正藏》卷四六，頁824。

⓬　《止觀義例》。石峻等編《中國佛教思想資料選編》第二卷，第一冊，頁246。

⓭　《止觀義例》。石峻等編《中國佛教思想資料選編》第二卷，第一冊，頁247。

⓮　《法華玄義釋籤》卷二。《大正藏》卷四六，頁825。

⓯　《止觀義例》。石峻等編《中國佛教思想資料選編》第二卷，第一冊，頁247～248。

⑯　《止觀義例》。石峻等編《中國佛教思想資料選編》第二卷，第一册，頁428。

⑰　《法華玄義釋籤》卷二。《大正藏》卷四六，頁827。

⑱　兼但對帶：此是天台判教學說，揭示法華涅槃時前之四時教法之特點，即華嚴時所說爲圓教，而又兼說別教；第二之阿含時，但說小乘教；第三之方等時，藏、通、別、圓四教對望而說；第四之般若時，挾帶藏通別之三而說。

⑲　《法華玄義釋籤》卷二。《大正藏》卷四六，頁823。

⑳　在《法華玄義》中智顗曰：「華敷譬開權，蓮現譬顯實。文曰：『開方便門，顯眞實相。』」（卷一上）；「開權顯實者，一切諸法，莫不皆妙，一色一香，無非中道。衆生情隔於妙耳。」（卷一下）「拂之以權迹，顯之以實本，當知此經唯論如來設教大綱，不委微細綱目。」（卷十上）在《法華文句》中，智顗也說：「六章之要，莫若開顯。」

㉑　《止觀義例》。石峻等編《中國佛教思想資料選編》第二卷，第一册，頁246。

㉒　參見楊惠南著《吉藏》，頁189，東大圖書公司，1989年版。

㉓　引自楊惠南《吉藏》，頁209。

㉔　吉藏對於「《華嚴》是根本法輪、《法華》是枝末法輪」的批判，可參見楊惠南《吉藏》第五章＜吉藏的判教＞。

㉕　《法華玄義釋籤》。《大正藏》卷四六，頁823。

㉖　《止觀義例》。石峻等編《中國佛教思想資料選編》第二卷，第一册，頁253。

㉗　《止觀義例》。石峻等編《中國佛教思想資料選編》第二卷，第一册，頁253～254。

㉘　參見演培：《智顗以後的天台教學》。

㉙　孫宗昌：《五百問論》序。

㉚　湛然：《五百問論》卷一。

㉛　《法華玄義釋籤》卷二。《大正藏》卷四六，頁828。

㉜　《五百問論》卷上。

㉝　《五百問論》卷上。

㉞　《五百問論》卷中。

㉟　《五百問論》卷上。

㊱　《五百問論》序。

㊲　《五百問論》卷上。

㊳　《五百問論》卷上。

㊴　《法華大意》。

㊵　《法華大意》。

㊶　《五百問論》序。

㊷　《五百問論》卷上。

㊸　《五百問論》卷中。

㊹　《五百問論》卷中。

㊺　《高僧傳・窺基傳》。

㊻　《高僧傳・窺基傳》。

㊼　《五百問論》卷上。

㊽　《瑜伽師地論・菩薩地》云：「云何種性？謂略有二種：一本性住種性，二習所成種性。本性住種性者，謂諸菩薩六處殊勝，有如是相，從無始世輾轉傳來，法爾所得，是名本性住種性。習所成種性者，謂先串習善根所得，是名習所成種性。」《大乘莊嚴經論》卷一也說：「性種與習種，所依及能依；應知有非有，功德度義故。」《善戒經》則稱這兩種性為「本性」與「客性」；《地持經》稱「性種性」與「習種性」。

㊾　詳見《五百問論》卷上。

㊿　《止觀義例》卷上。《大正藏》卷四六，頁447。

(51) 《止觀大意》。《大正藏》卷四六，頁459。

(52) 《止觀大意》。《大正藏》卷四六，頁461。

(53) 《止觀義例》卷上。《大正藏》卷四六，頁453。

(54) 《法華玄義》卷十下。

(55) 《教觀綱宗》。《大正藏》卷四六，頁936。

(56) 《法華玄義釋簽》卷二。《大正藏》卷四六，頁829。

(57) 《止觀義例》卷上。《大正藏》卷四六，頁452。

(58) 《止觀輔行傳弘訣》卷一。

(59) 《止觀義例》卷下。《大正藏》卷四六，頁453。

(60) 《止觀大意》。《大正藏》卷四六，頁459。

(61) 所謂「五重」者，一者「釋名」（釋經題），二者「出體」（點示一部經之思想主旨），三者「明宗」（闡釋修行之宗旨），四者「辨用」（闡明一經之作用），五者「判教」（判釋該經之權實、地位、特色等）。所謂「十義」，一、先明道理冥寂絕亡離不可思議；二、能詮教門，謂漸頓不定秘密之化儀四教和藏通別圓之化法四教；三、用四悉檀意融通各種經論之矛盾和相乖之言義；四、善用諸句巧破執著；五、對當行位結正法門，使依教修有方便，依行證有階差；六、隨以一句縱橫無礙，論緒次第宛然成章；七、開章科段，決疏文勢；八、帖釋經文，須義理順當；九、翻譯方言，令名義不壅；十、理觀消通，觀與經合。（詳見《止觀大意》）

(62) 《止觀大意》。《大正藏》卷四六，頁460。

(63) 「壞驢車」之喻，相對於「大白牛車」言，天台一宗常用之術語。智顗於《摩訶止觀》卷七曰：「若但爾者，乘邪見乘，入險惡道。」湛然於《止觀義例》中也說：「十乘十境以爲正修，所以者何？若無十境，乘則無體；若無十法，名壞驢車。」

(64) 《止觀大意》。《大正藏》卷四六，頁 460。以下凡不加注之引文，均出於《止觀大意》。

第六章　湛然與宋代天台山家、山外之爭

　　從縱的角度來考察，天台宗的歷史發展眞可謂一波三折。智顗時代，可以說是天台宗之鼎盛期；智顗後至湛然的一百來年時間，則是天台宗之黑暗時代；湛然之中興，又使天台宗出現生機；湛然入滅之後，由於沒有強有力的天台學宗匠支撐局面，天台宗又告衰微；直至趙宋年間，天台宗之山家、山外之爭，才把天台之教學又推到一個新的高潮。

　　天台學在趙宋一代之再度中興，在相當程度上要歸功於山家派之掛帥人物四明知禮，而知禮在天台宗乃至於在中國佛教史上的地位，又相當程度是由於他在山家、山外之爭中所起的作用。這場純屬天台宗內部的爭論，從表面上看，是「道統」之爭，亦卽究竟誰是天台正統，但是由於爭論的內容幾乎涉及到天台宗所有重要的教義，而且從理論思辯的角度說，具有相當的深度，這就使得這場爭論在天台宗的發展史上具有非同一般的意義。

　　與隋唐時期的天台學比，趙宋一代天台學的理論重心已有所偏移。如果說，隋、唐天台宗所注重的是「天台三大部」，卽《妙法蓮華經玄義》，《妙法蓮華經文句》、《摩訶止觀》，那麼，趙宋一代的天台宗，則更強調「天台五小部」，卽《金光明經玄義》、《金光明經文句》、《觀音玄義》、《觀音義疏》、《觀無量壽佛經疏》。天台宗山家、山外之爭，也多圍繞這些經

疏的教義展開。而如果就爭論雙方所持的理論依據說，則不論是山家還是山外，都經常援引湛然著述，許多爭論甚至是肇端於湛然的某些說法，因此，在一定意義上可以說，宋代天台山家、山外之爭，是湛然學說在宋代特定歷史條件下的具體發展。

下面我們擬於探析山家、山外爭論之基本內容同時，看看宋代天台學之發展態勢及湛然思想對此時天台學之影響。

第一節　湛然分理觀、事觀與山家、山外之觀真心、妄心

眞心、妄心觀是山家、山外之爭中的一個帶根本性的問題。「觀心」問題，天台宗自慧思、智顗之後就十分重視。智顗所倡導的圓頓止觀，湛然極是推崇，其《止觀輔行傳弘訣》、《止觀義例》、《止觀大意》都是在闡發、弘揚智者之止觀學說。但湛然在闡揚智顗止觀學說同時，也作了許多發揮，其於《金剛錍》所說之「唯心之言豈唯眞心」 ❶ 及在《止觀義例》中分觀心爲理觀、事觀二種 ❷，都爲後來山家、山外的爭論播下了種子。對於眞心觀、妄心觀問題，湛然本身沒有明言，但在其著作中，多有「觀妄心」之思想，如在《止觀大意》中對居十乘法之首的「觀不思議境」的闡述，就有明顯的「觀妄心」的傾向 ❸，這就爲後來的山家、山外之爭留下了話題。當然，要具體了解湛然思想對於山家、山外於眞心、妄心觀上爭論的影響，只有深入到該爭論本身才能有更眞切的把握。

就眞心、妄心觀之爭本身說，此爭論肇端於慈光系志因的弟子晤恩法師所作之《金光明玄義發揮記》。在晤恩之前，智顗撰

的《金光明經玄義》原有廣、略兩種版本流傳於世。所謂廣本，
亦即包括下卷觀心釋在內的《金光明經玄義》；所謂略本，也就
是略去了觀心釋內容的現存的《金光明經玄義》的下卷。晤恩
《發揮記》「專解略本，謂廣本有『十法觀心』，乃後人擅添
爾」；也就是說，晤恩認為廣本觀心釋中的「十法觀心」等內容
不是智者大師本人的撰述，而是後人僞造增添的；對於晤恩的這
一說法，山家派之義通遂著《金光明玄義贊釋》和《金光明文句
備急鈔》與之相抗爭，認為廣本實係智顗本人親撰；此後，晤恩
之門人洪敏、源清受晤恩之旨，作《難詞二十條》共輔師義：
「謂觀心等文文理乖舛，私欲廢之」；有鑒於此，知禮之學友善
信上人遂致書知禮，要知禮出來「詳廣略之眞僞，定存廢之損
益」，據說知禮「堅讓不免，故有《扶宗釋難》之作，專救廣
本」❹；針對知禮的《釋難扶宗記》，源清門下的梵天慶昭、孤
山智圓合撰《辯訛》，以駁知禮；知禮更撰《問難書》反駁《辯
訛》；智圓遂有《答疑書》之覆；知禮再著《詰難書》加以反
論；慶昭再寫《五義書》置答；知禮復作《問疑書》責難，慶昭
逾年無對，知禮增寫《復問書》催答；慶昭遂撰《釋難書》辯
釋；如此「往返各五，綿歷七年」，最後知禮「攢結前後十番之
文」，寫成具有總結性的《十義書》；但是問題並沒有就此了結，
慶昭後來又寫了一篇《答十義書》，知禮又以《觀心二百問》詰
難。從有關史料看，這場爭論至此告一段落。

　　縱觀這場由《發揮記》啓端，以《十義書》結尾的爭論，最
核心的問題是觀心問題：首先是要否觀心，其次是所觀之「心」
的內涵或性質問題，亦即以什麼樣的「心」為觀想對象？

　　從爭論的全過程看，山外派實有廢觀心之嫌。知禮的《十義

書》曾有這樣一段記述：

> 且《發揮記》立廢觀心，所以云：此玄十種三法，蓋大師
> 扶順經文，法性圓談，始自性德三道，終至果人三德，一
> 一三法，悉是妙性，一一妙性，悉是眞源，豈此純談法性
> 之外，更須立觀心耶❺。

此謂智顗大師的《玄義》略本乃圓談三法，一一三法，悉是妙性
，一一妙性，悉是眞源，旣然如此，純談法性足矣，又何必在談
性之外，更立觀心呢？

　　《十義書》的另外一段記述也說明山外派在爭論開始時是主
張廢棄觀心的：「上人昨於《辯訛》中，首將十種三法爲純理觀。
意云，旣已純談理觀，遂不須更有附法觀心，以此爲宗，廢於此
玄觀心一釋❻。」從這段文字看，作爲晤恩後學的慶昭、智圓，
也是主張純談理觀，而認爲無須在理觀之外，更附法觀心。

　　針對山外派專講略本，純談理觀，主張廢棄觀心一釋，知禮
在《釋難扶宗記》、《問難書》、《十義書》等文章中給以深入
的剖析和駁斥。他認爲，十種三法是依理得妙解的理論門，屬果
位所證，而心性在因，觀心屬行，如果廢棄觀心而圓論法性、純
談理觀，這是以果位的認識來代替因行，是有敎無觀，有解無
行。他以《法華玄義》「心性定在因，佛法定在果」和湛然《法
華玄義釋籤》判心性在因，十種三法是果位所證等說法來論證自
己的觀點，指出：若廢棄觀心，「則杜絕衆生入理之門、趣果之
路，則全失一家解行之要也」❼，「不觀己心，則如貧數他寶，
自無半分錢也❽。」知禮強調觀心的思想，從哲學理論上說，是

嚴分因行與果位，指出因自是因，果自是果，不能把因果混爲一談，這對於深化人們的認識是不無益處的；從宗教實踐的角度看，是注重行門，強調修證，這是繼承和發揚智顗、湛然經教並重、行解相資的思想和作風。從這個意義上說，山家似更接近天台宗之「正統」。

不過，如果深入考察山家、山外之爭的全部過程，山外派並非全然不講觀心。據知禮《十義書》載，山外派自山家斥其理論「但教無觀，乖於本宗」之後，「乃將教代觀而曲求之」，曰：「觀有二種，一曰理觀，二曰事觀。今云不須觀心，乃不須附事而觀也❾。」也就是說，山外之廢觀心，只是廢事觀，而不廢理觀——此說明顯地受到湛然把觀心分爲理觀、事觀之影響。因此，山家、山外關於觀心的爭論，主要不是要否觀心，而是如何觀心，亦即究竟只是純談理觀，抑或還須附法觀心、附事觀心，正如知禮所指出的：「予今徵詰上人廢觀心之義，如破狂寇。『純談理觀』、『直顯心性』，是上人兩書端首，立義宗源。此二義若壞，則寇中主將已戮，其餘殘黨，不攻自亡也❿。」此謂山外派的要害是「純談理觀」、「直顯心性」。因此，爭論的焦點實際上是理觀、事觀問題。

所謂「理觀」，從兩派往復論難的文字看，主要指依圓融三諦之圓理，得實相三諦之理心，進而把此理心作爲觀法的直接對象。說得明白、通俗點，亦卽把無內外、非染淨的「眞心」作爲觀想的對象。正如知禮在《十義書》中所說的：「且《珠指》從始至終，單約眞心攝於諸法，何曾一句云於妄心⓫。」

所謂「事觀」，照山家派的說法，觀心的目的是爲了轉凡入聖，要達到這一目的，必須附事而觀，附法而觀，以凡心、陰

心、無明妄心爲觀想對象。因爲從諸法實相的角度說，一切法皆具三千，但是，佛法太高，以佛法、眞心爲觀想對象，類似智顗那樣的大德高僧也許還可以，對於一般人來說，如此觀心不惟形同虛設，而且徒勞無功——因爲三諦妙理非妙解是難以極其致的；其次，衆生法太廣，以衆生法爲觀想對象，會使人無從下手，也難以達到轉凡入聖的目的；只有觀自心最易。然此自心絕非山外派所說的離染淨之眞心，而是爲無明煩惱所纒縛的當下現實之人心。知禮以湛然的《金剛錍》爲根據，說：

> 《金錍》云：唯心之言，豈唯眞心也？須知，煩惱心遍，此則遮於世人約於眞心説唯心義，故云唯心之言豈唯眞心。應知，唯字正屬唯心，乃令約煩惱心説唯心，不可約眞如心説唯心⓬。

> 是知言心性者，專是凡夫一念陰識之性矣⓭。

知禮的觀心思想，始終以此「妄念」爲對象、爲基礎，用他自己的話說：「以觀妄念爲宗」⓮，主張以此陰識妄心去證得實相妙理，認爲這才是一種切實可行的修行方法。山外派約「理」、約「眞性」去釋「心」，他認爲與天台宗「一家文義相違」，並引湛然的有關著作爲證，指出：「《金錍》專示陰心之性，故從染緣九界心說，實不通於佛界及眞心也。」山外「自立淨緣所成佛界心爲境，還順宗師之敎否⓯。」

　　以上的論述，知禮主要從宗敎實踐的角度闡述智顗《法華玄義》及湛然《金剛錍》中有關觀心思想去批駁山外「純談理觀」、「直顯心性」有解無行之偏弊；此外，知禮又著重從義理方面駁

斥山外派的眞心觀。

知禮批駁山外眞心觀的一個重要的論點，是「妄心造如來」說。在《十義書》中，他指出：

> （山外）乃謂須非染非淨之心，方能造於如來，全不許妄染之心造如來也。此則全乖陰識理具佛性之義，又虧煩惱之疇如來種之文，又違性指三障之說，全不識敵對種也。煩惱即菩提之言浪施，生死即涅槃之文徒設⑯。

從思想理論的角度說，知禮的這段論述極關重要，因爲它涉及到天台宗圓融理論的特點所在。

天台佛教學說的最主要特點，一是性惡說，二是以性具談圓融。性惡說區別於華嚴宗及其它各宗的地方，元代虎溪沙門懷則在《天台傳佛心印記》曾有一精闢的概括：

> 諸宗旣不知性具惡法，若論九界唯云性起，縱有說云圓家以性具爲宗者，只知性具善，不知性具惡；雖云煩惱即菩提，生死即涅槃，鼠唧鳥空有言無旨，必須翻九界修惡，證佛界性善，以至直指人心，見性成佛，即心是佛等，乃指眞心成佛，非指妄心⑰。

此謂雖然隋唐之後的幾個佛教宗派都在談「煩惱即菩提，生死即涅槃」，但由於各宗多以眞心說佛性，結果使得這一說法成爲毫無意義的同義反覆；唯有天台宗的性惡說以妄心說佛性，主妄心能成佛，才使「煩惱即菩提，生死即涅槃」具有實際的意義。宋

代天台宗義通門人慈雲遵式也曾表述過類似的思想：

> 天台所談佛性，與諸家不同，諸家多說一理真如名為佛
> 性，天台圓談十界，生、佛互具，若實若權，同居一念。
> 一念無念（空），即「了因佛性」；具一切法（假），即
> 「緣因佛性」；非空非有（中），即「正因佛性」；是即
> 一念生法，即空、假、中，……圓妙深絕，不可思議⑱。

　　遵式這段話主要從正、緣、了三因互具，空、假、中三諦
圓融的角度闡述天台宗圓融理論的特色，亦即天台宗不像其它宗
派，唯以一理真如名佛性，而是從緣、了二因也具佛性，空、假
也即是中角度談生佛互具、十界圓融。

　　對於緣、了具惡的思想，宋四明知禮在《觀音玄義記》中有
更明確的表述：

> 問：九界望佛皆名為惡，此等諸界，性本具否？
> 答：只具一字，彌顯今宗。以性具善，他師亦知，具惡
> 緣、了，他皆莫測⑲。

也就是說，天台區別於其它各宗的地方乃在於主張緣、了二因也
具佛性。如果用本文前面出現的表述方式說，亦即主張妄心也具
佛性，妄心也能成佛，妄心可造如來。山外派所以不懂妄心能造
如來，關鍵在於他們不懂「陰識理具佛性之義」。

　　其次，山外派所以不許妄心造如來 —— 在知禮看來 —— 還由
於他們不識「煩惱之疇為如來種」的道理，用知禮的話說，亦即

「只知類種，不知敵對種」。

所謂「類種」，亦即「非染非淨之心」與「佛性」、「眞心」與「如來」等。這是眞心觀的一種思想方法——至少山家派是這麼看的——認爲只有同類或具有同一性才可以相融互卽，因此，主張眞心造如來，而反對妄心造如來。與此相反，山家派主張「敵對種」相融互卽。所謂「敵對種」，例如「煩惱」與「佛性」、「妄心」與「如來」等。這些表面上看是相互差別、相互對立的東西，從性具圓融的角度看都是可以「互具互容」的，因此，主張「妄心造如來」。

知禮指出，山外派主張眞心造如來，認爲只有眞心隨淨緣方能造如來，反對妄心造如來，這是不懂得觀妄成眞的道理，「大乖圓義，都是僻談」。因爲，所謂「妄心造如來」，實際上就是觀妄心成眞心，而「妄心」之本具眞心，這乃是天台宗圓融理論題中應有之義，既然「妄心具眞心卽眞心，豈不具如來卽如來？若妄心轉變作眞心，豈不轉變作如來耶[20]。」

從天台學說的歷史發展看，知禮「妄心造如來」說是遙契智顗「佛性具惡」、「貪欲卽道」和湛然之「敵對種相卽」的思想。智顗圓融理論的一個重要特點，就是主張眞者妄之眞，妄者眞之妄，離妄無眞，離眞無妄，卽妄而眞，卽眞而妄，二者互具互卽，圓融無礙，因此主張「貪欲、瞋怨是佛母」[21]、「魔界如卽是佛界如，魔界如、佛界如，一如無二如」[22]、「一切陰入卽是菩提，離是無菩提；一色一香，無非中道，離是無中道」[23]。元代懷則在評價天台宗與其它各宗圓融理論的區別時曾經指出：

故知諸師言卽（如煩惱卽菩提）指眞卽眞，非指妄卽眞，

是則合云菩提卽菩提，涅槃卽涅槃也，旣非卽陰而示，又
無修發之相。……又復不了性惡卽佛性之異名，煩惱心、
生死色皆無佛性。煩惱心無佛性，故相宗謂定性二乘，極
惡闡提不成佛；生死色無佛性故，彼性宗謂壁瓦礫不成
佛，須破九界煩惱生死修惡，顯佛界性善佛性故。但知果
地通融，不了因心本具❷。

這段話較簡明地點示出天台圓敎與其它各敎的區別所在，亦卽天
台之圓，在倡佛性本具惡，其它各宗，則認煩惱心無佛性，佛性
唯善；主佛性唯善之談煩惱卽菩提，歸根到底是指眞卽眞，菩提
卽菩提，涅槃卽涅槃；倡性惡之談煩惱卽菩提，是卽妄而眞；懷
則認爲，只有這種卽妄而眞，才是眞正的圓敎，才使煩惱卽菩提
具有實際的意義。山家、山外在觀心問題上的爭論，一定程度上
說，是天台宗圓融理論與它宗特別是華嚴宗理論的分歧和爭論的
繼續。或者更準確點說，山外的眞心觀更多地吸收了華嚴宗「淨
心緣起」的理論，而以知禮爲代表的山家，則更忠實於智顗所創
立的性具圓融的學說。這一點，還可以從山外派的眞心觀受到山
家派的批評之後，改主「眞妄合論」得到說明。

山外派主將慶昭在同知禮論辯過程中，藉闡釋湛然的《金剛
錍》說了這樣一段話：「不獨約眞心說唯心，亦不須約妄心論唯
心，蓋約眞妄合論說唯心義❷。」此謂山外所說的「心」，並非
單指眞心，而是旣指眞心，也指妄心。對此，知禮指出，這是「欲
救《珠指》獨約眞心說唯心義也」。但是，知禮認爲，「《示珠
指》是必死之病，縱扁鵲亦不能救，況盲醫者乎❷。」此指「眞
妄合論」同樣很不高明，因爲如果心有眞心妄心，那麼，色豈無

眞色妄色，何不具諸法皆約眞說耶？實際上，「不變則色心俱
眞，隨緣則色心俱妄」，切不可把色心、眞妄斷然判爲二物，更
不能如二物相合談眞妄合論。知禮自己所以強調觀心，只是因爲
「心是能造故」，「心法近要故」，「爲破下界著色重故」。也
就是說，心法與色比，心是能造，色是所造，故「多令觀心」；
心法更接近入佛之門，故「多令觀心」；下界衆生多執著於外色
外境，故「多令觀心」。從思想理論的角度說，知禮此說也不怎
麼高明。既然「不變則色心俱眞，隨緣則色心俱妄」，爲何又來
個「心是能造，色是所造」？此心指眞心抑妄心？此色指眞色？
妄色？如果指妄心，它同樣是隨緣的產物，如何又成爲「能造」
呢？

　　山家、山外眞心、妄心觀的爭論，如果從中國佛教發展史的
角度置論，二者也各有特點。山家派的倡「妄心觀」，從比較
中、印兩國佛教說，無疑更具有中國化的色彩。因爲佛教中國化
的其中一個重要內容，就是逐漸把作爲抽象本體的「眞心」逐漸
改變爲當前現實之人心，亦即「妄心」、「陰識心」；在這一點
上說，山家比山外確實更富有中國化色彩，這也許是山家何以會
戰勝山外而得到廣泛發展的一個重要原因。而山外之所以倡「眞
心觀」，從佛教思想發展的歷史過程看，也有其時代思想背景方
面的原因。蓋中國佛教自晚唐之後，就出現一種交融滙合的趨
勢，華嚴宗自清涼法師起，就逐漸吸收天台宗的「性具說」，而天
台宗的湛然法師，也多採華嚴宗的「眞如緣起」思想，而山外更
多地受到湛然所融會之華嚴宗「淨心緣起」思想的影響，因此，
於觀心問題上，主張「眞心觀」。

第二節　湛然的「唯色唯聲」說與山家、山外的心具、色具之爭

　　山家、山外之爭的另一個重要問題是心具、色具問題。所謂「心具」，亦卽心法具足三千；所謂「色具」，卽是色法具足三千。山家、山外在這個問題上的爭論主要圍繞「色具」問題，亦卽色法是否也具三千問題 —— 因為山家、山外在心法具足三千問題上似無原則性的分歧，因此，心具、色具之爭，實際上是色具之爭。

　　心具、色具之說，在一定意義上說，亦肇端於湛然的《止觀義例》。在《止觀義例》中，湛然於批判澄觀之「天台漸圓說」時曾經指出：「又漸圓既知心具諸法，諸法遍攝，豈隔色耶？色攝入心，心卽是色，如何謬判唯心具耶？若別教人初心色心並不具法，何獨色耶❷？」此謂對於圓教言，色心原本無二，不惟心具諸法，色亦具足諸法，不但萬法唯心，而且萬法唯聲、唯色、唯香、唯味、唯觸。但別教則不然，別教之初心非但色不具足諸法，心亦不具諸法。此一心具、色具之談，亦成為後來的山家、山外爭論的一個重要話題。

　　不過，就心具、色具之爭本身說，此爭論是由奉先源清的《法華十妙不二門示珠指》和孤山智圓的《金剛錍顯性錄》中的有關說法引起的。在《金剛錍顯性錄》中，智圓提出了一種心具色不具的看法。他說：「當知一家所立，有情心具三千，該收依正者，深得佛旨也。學斯教者，既昧厥旨，但見唯色唯香，及色外無法等言，不了色心一體，便謂草木自具三千，殊不求文始末

之意。……若國土自具三千者，草木瓦石應有心生❷。」智圓此
說無疑是對湛然有關說法的一種理解和詮釋，其中心思想是主有
情心具足三千，無情色不具三千。對於智圓的這一思想，山家派
代表人物四明知禮在《觀無量壽佛經疏妙宗鈔》和《十義書》中
進行了系統的反論和駁斥，指出不僅有情心法具足三千，無情色
法同樣具足三千。知禮的色具三千說又遭到山外梵天慶昭的弟子
咸潤《指瑕》的詰難；知禮的後學淨覺又著《抉膜書》輔助知
禮，弘揚色具說。直接涉及心具、色具問題的爭論大體如此，但
圍繞這一爭論或者說與此爭論相關的還有理事總別問題；三千三
諦相互關係問題；心、佛與眾生三法能造、所造問題等等。在
《觀無量壽佛經疏妙宗鈔》中，知禮指出：「禀今宗者，若云心具，
色等不具，同於義例（筆者注：即湛然在《止觀義例》中對澄觀
之批判），邪師謬立，漸圓之見，望彼頓頓，天地相懸❷。」也
就是說，只懂得心具而不知道色法也具足三千，這種說法充其量
只屬漸圓的思想，與天台宗頓圓的理論有如天地懸隔。在《十義
書》中，知禮對智圓的色不具說則進行了全面、系統的批判。

　　首先，知禮以當時佛界公認的一些思想作爲論據，駁斥智圓
的心具、色不具說，他說：「若爾（則若心具色不具），應是外色
非性本具，舉色不全收諸法耶？若不全收，何名色爲法界❸？」
也就是說，如果說外色不具三千諸法，那麼，外色則不能全收諸
法。但是如果外色不全收諸法，那麼，色又何以名爲「法界」呢？
——因爲「法界」本是應該無所不收、無所不攝的。反之，如果
色爲法界，而法界又是全收諸法的，色具三千實乃題中應有之義！
　　其次，知禮搬出天台諸師祖的有關看法，爲色具說作論證。
他引智者大師的《法華經文句》說：

　　若色不具三千者，《妙經文句》何故十二入各具千如，為
　　萬二法門耶？且十二入中，唯有一分半屬心，十分半屬
　　色。若如上人所說，只合有一千五百法門，則大師剩說一
　　萬五百也❸。

此謂智顗的《法華經文句》明言十二入各具千如，故成一萬二千
法門。而在十二入中，只有「意」屬心，「法」半屬色半屬心，
亦即一分半屬心，十分半屬色，如果說只有心法才具千如，那麼
應該只有一千五百法門，智者大師何故說有一萬二千法門，這豈
不是說智者大師弄錯了，多說了一萬五百法門。
　　此外，知禮又引湛然的有關說法駁斥心具色不具說。在《十
義書》中，他說：

　　又《輔行》云：若色心相對，則有色有心。論其體性，則
　　離色無心，離心無色。若色心相即，二則俱二，一則俱一。
　　故圓說者，亦應得云唯色、唯聲、唯香、唯味、唯觸等，
　　何但獨得云唯識耶？若合論者，無不皆悉具足法界❸。

　　是故當知，若色若識，皆是唯色，若識若色，皆是唯識。
　　雖說色心，但有二名，論其法體，只是法性❸。

　　此謂按照荊溪說法，色與心原是相對而言，分別而論，有
色、心之區別；若論其體性，二者均是法性的體現，離色則無以
言心，離心則無以言色。談唯心，色、心皆唯心；論唯色，則
心、色皆唯色。因此，不能只談萬法唯心，萬法唯識，而應該說

既唯心、唯識，亦唯色、唯聲、唯香、唯味、唯觸等等。

以上兩個方面知禮主要是用當時佛界共識及天台先師的有關說法，通過邏輯推演，把山外的心具色不具說推到悖理違宗的境地。但是，如果僅僅依靠這些，知禮充其量只能說明山外派的學說與天台先師的某些說法是有出入的，而不能說明其思想從根本上違背了天台宗的基本理論，也不能說明自家思想是佛法正宗和天台正統。爲了徹底駁倒對方，知禮終於搬出天台宗的圓融理論，對心具色具問題進行了較深入的論述。

在《十義書》中，知禮在引用了湛然《止觀輔行傳弘訣》對於心色的有關論述之後指出：

今據此敎文，若內若外，若心若色，趣觀一境，皆具三千，以互具互收故也[34]。

同在《十義書》中　知禮在論述內、外二境時也說：

夫性具三千，雖有依正色心己他，而皆融泯，舉一全收，無始迷故[35]。

此二說的思想核心在「互具互收」和「舉一全收」，而「互具互收」、「舉一全收」正是天台宗圓融理論的特色所在。亦卽任一法皆具一切諸法，色心、生佛、己他、依正皆然，不僅心具色、收色，色也具心、收心。從現象看，有色心之區別，從本質說，都是實相的體現。此一色、心現象、本質說，用天台宗的傳統語言說，卽是以性具爲特徵的實相論。正是基於諸法實相的理

論，知禮進一步指出：

> （色心、生佛、己他、生佛）至一極微塵，無非法界全體
> 而成，……故趣舉一，即是圓融法界全分。既全法界，有
> 何一物不具諸法？……以一切法，一一皆具一切法故，是
> 故今家立於唯色、唯聲、唯香、唯味、唯觸❸❻。

既然任一微塵都是整個法界的體現，因此，任一色法，自然皆圓
融法界全分，皆具三千諸法。按照這種理論，所謂心具三千，而
色不具三千的觀點當然是不能成立的，至少是違背天台宗的圓融
學說的。實際上——知禮認為，天台宗理論的特色正在其性具圓
融這一點上，而性具圓融的特色又正在於它不但主一切唯心，而
且倡一切唯色，而正是一切唯色的思想，使天台宗比其它各宗高
出一頭。在《觀無量壽佛經疏妙宗鈔》中，知禮說：「須知萬法
唯心，尚兼權實，他師皆說，一切唯色，但在圓宗❸❼。」在《觀
音玄義記》中，知禮也說：「唯心之說，有權有實；唯色之言，
非權唯實。是故大師為立圓宗，特宣唯色，乃是吾祖獨拔之說
❸❾。」此謂萬法唯心，乃佛教之通義，並非圓教之獨唱，權教也
這麼主張；不僅天台宗這麼說，其它各宗也如是說。但是，一切
唯色，則是天台宗所獨唱，也是性具圓融理論之特色所在。知禮
此說是合乎實際的。因為天台宗之圓區別於其它各宗，特別是華
嚴宗之圓的地方亦正在此，其它各宗之圓，多是立足於「唯心」，
從「萬法唯心」的角度談圓；天台宗則不然，不但主「萬法唯
心」，而且說「萬法唯色」，而「萬法唯色」的思想從理論的角
度說，則是立足於由智者大師所倡導，由荊溪湛然所弘揚之的性

具實相論！

　　知禮的色具三千、一切唯色的思想後來又遭到慶昭弟子咸潤的詰難。針對知禮對孤山智圓色不具三千的批判，咸潤在《指瑕》中指出：

> 稟今宗者，誰云色等不具耶？蓋凡言色具，即是心具。何者？色由心造，全體是心，故知色具，即是心具。若言心外無情之色，獨頭自具三千者，既色心各具三千，豈非一念六千耶？……《十不二門》云：三千果成，咸稱妙樂，未知頑色三千，幾時果成常樂耶？《止觀》云：無心而已，介爾有心，即具三千。既言無心而已，色香是無心否？還可說有三千否？若一草一木，獨頭自具三千，與《金錍》野客所述何別？

咸潤此說大致包含這樣幾層意思：一是認為知禮對智圓的批判是不確切的，因為智圓乃至山外派並沒有認為一切色都不具三千。蓋凡是說色具者，即是心具，因為色由心造，色乃是心的體現，所以言色具者，即是心具；二是指出山外所說的不具三千之色，是指無情色，這種無情色是不具三千的，因為如果這種無情色也單獨具足三千，那麼加上山家、山外所共認的心法具足三千，豈不成了一念具足六千？第三，說無情色不具三千，這不是山外派的發明，《十不二門》和《摩訶止觀》等著作從來沒有這種說法。《十不二門》從未言及心外頑色獨具三千，也不曾說及無情色可成佛；而《摩訶止觀》則明言：無心而已，介爾有心，即具三千。此話明確指出了無心之色是不具三千的；咸潤這段話的

思想意蘊，我們留待後面再作剖析，這裡先看看山家派是如何反駁的？

對於咸潤的詰難，知禮本人沒以理睬，而其弟子淨覺則自告奮勇，在徵得知禮同意的情況下，淨覺作《抉膜書》予以反論。首先，淨覺指出：咸潤所云色具即是心具，是將色攝入心。但是此心究竟屬理？抑屬事？如果屬理，《金錍》卻是以隨緣之事釋心；而智者的《法華玄義》又判定心法在因；其二，若此心是事，則事不能具諸法，必須事即理才能具諸法（因爲天台宗所說的「具」，也必須藉助於「理」這一中介，單純的「事」是不能論「具」的）。也就是說，色和心就其即事即理言，都應該具足諸法；不能說心法屬理，故能具足三千，而色法雖然亦即是理，但不具足三千，必須將色攝入心後，方能具足諸法。淨覺以水、冰、波爲例，指出：水或激揚爲波，或凝結爲冰，二者均是水的體現，都具有水的濕性。不能說波具有濕性，而冰不具有濕性，冰需變成波之後，才具有濕性。淨覺在這裡所依據的是心色事理相即互具的思想，亦即心色二者既即是理，又是事，心性遍於色性，色必遍於心性，彼彼互具，法法無差。不能僅僅以心歸理，把色歸屬於事；第三，對於咸潤及智圓引「無心而已，介爾有心，即具三千」這句話去論證無情色不能獨具三千問題，淨覺認爲，那句話是相對於修觀而言，不是在論述諸法互具問題，因此，不能把它作爲有情心法具足三千，無情色法不具足三千的根據。

考察山家、山外在這個問題上的爭論，二者在一個基本觀點上是存在著原則區別的：即山外派對於心色二者嚴加區別，並且把心歸諸理，把色歸諸事，有理事隔絕、心色二元之嫌；這一點，尤其是他們所謂「無情之色」、「不能獨頭自具三千」的說

法最具有代表性。這種說法本身就十分明顯地把某些色法（即所謂「無情之色」）排除在心法之外，帶有明顯的心色二元的傾向；反之，山家派在這個問題上則始終堅持心色一如的立場，主張心法遍於色法，色法遍於心法，且心之與色，即事即理、互收互具。其所依據的無疑是天台宗智者大師和荊溪湛然的當體實相論的思想。如果用現代哲學語言說，山外的思想屬現象、本質二元論；山家則是徹底的實相一元論。如果從方法論的角度說，山外是站在「唯心」的立場講圓融；山家則是「性具」的立場講圓融，亦即站在諸法「互具互收」的立場講圓融！

　　與此相聯繫的，還有一個心、佛與眾生三者的相互關係問題。山外派的孤山智圓在其《法華十妙不二門示珠指》中明顯地把心歸屬於理，把眾生與佛歸屬於事，指心為能造，判眾生與佛為所造。這一點，知禮在《十義書》中屢屢提及：

　　　又《示珠指》謂心唯在理，生、佛屬事。唯論心法，能具能造，生、佛一向，是所具所造㉙。

　　　彼文（《示珠指》）已定判生、佛是所造屬事，心法是能造屬理，故云生、佛是因果，心法非因果㊵。

對於山外派的這一心、佛與眾生三法的理事、能所觀，知禮在其《詰難書》和《十義書》等著作中進行了全面的駁斥與批判。

　　首先，知禮認為不可單純約理解心，約事解生、佛。在《十義書‧不體心法之難》一節，知禮說：

予昨於《詰難書》內，立心、佛、眾生，依正諸法，隨緣則諸法皆事，不變則諸法皆理，故引《金錍》云：真如是萬法，由隨緣故；萬法是真如，由不變故。是知輒不可偏約理釋心，偏約事釋生、佛[41]。

在同書的「不曉觀法之功」一節中，又說：

《妙玄》本顯心等三法，理則俱理，事則俱事。就理則高下無差，就事則高下差別。故云，佛定在果，生通因果，心定在因，此之圓滿之義，被《珠指》殊缺解之。何者？以彼謂生、佛屬事，是因非果，心法屬理，乃非因非果。若元知俱事俱理，何不三法俱就事釋，何得曲解聖教，抑就我心，作二事一理解耶？若元知三法皆即事是理，即妄而真，何不三法作俱事俱理釋耶[42]？

這兩段話中心意思是說，心、佛與眾生三法，從隨緣的角度說，三者均屬事；從不變的角度說，三者均屬理。論理，則三法皆理；論事，則三法皆事。絕不可把三者刈裂開來，以理釋心，以事釋生、佛。山家派在心、佛與眾生三者關係問題上的觀點與其心色問題上的思想是一致的，即主張三者一元，都是實相的體現。心、佛與眾生三法，理則俱理，事則俱事，正如心之與色一樣，二者即理即事，不可妄加刈裂，懸隔理事；同樣，山外派在心、佛、眾生三法關係上的思想與他們在心色問題上的思路也是一脈相承的，都帶有刈裂理、事的二元論的傾向。

其次，知禮又從心、生、佛三法各各論於理具事造的角度，

批判山外的刈裂三法的思想。在《十義書》等著作中，知禮說：
「以我一念心法，及一切衆生，十方諸佛，各各論於事造，人人
說於理具，而皆互具互攝，方名三無差別❹。」此謂心、佛與衆
生三法，不可判生、佛爲所造屬事，心法爲能造屬理，而應該各
各論於理具，各各論於事造，亦卽，心旣屬理具，亦是事造；
生、佛旣是事造，也是理具。事造與理具是一個事情的兩個方
面，從一定的角度看，屬理具，從另一個角度看，則屬事造。二
者是互具互攝的。知禮認爲，所謂「造」者，湛然的《止觀輔行
傳弘訣》說有二義：一者約理而言，造卽是具；二者就事而論，
造卽是過去造於現在。而所以會有此事造，全然在於理之本具，
若理本不具，何論事造？因有理具，方有事造。而不管理具、事
造，二者都應各各論於三千。所謂理具三千者，如性善性惡者是；
所謂事造三千者，如修善修惡者是。正是由於心、佛與衆生三者
均俱是理具，又是事造，所以佛經中才說三無差別。另外，就能
造、所造說，二者其實只是人們觀察和論述問題的角度不同罷
了，絕不可把它們看作是一成不變的兩件物事。能造、所造，一
一卽理，一一當體皆具性德三千。若論理造，造卽是具，理具三
千卽是理造三千；若論事造，並非心法方爲能造，無明陰識也是
能造，而十界依正均爲所造。知禮此一理、事各各論於理具、事
造的思想，眞正體現了天台宗諸法互具互攝的圓融理論，而山外
以理釋心，把能造僅歸諸心，以事解生、佛，把生、佛僅僅看成
是所造的思想　則顯然與天台宗性具圓融的理論是相違背的。

　　第三，知禮對於山外誤解心、佛與衆生三法相互關係的批
判，還從「少分」、「全分」的角度進行。所謂「少分」，亦卽
只從一心、一佛、一衆生的角度去談三法的關係，認爲，此心本

是非悟非迷之真心，此心迷則為衆生，悟則名佛。知禮認為，這種看法，實際上只懂得事造生、佛，不懂得理具生、佛。亦即把一心視為真心，屬理，而衆生與佛則是心之所造，或迷而為衆生，或悟而為佛。從一定意義上說，這種說法只把握了部分真理，亦即事造的道理，而不識生、佛乃理之本具。而如果只懂事造，不識理具，那麼，豈不是一人悟則一切衆生皆成佛？若爾，釋迦牟尼早已大徹大悟，世界上為什麼還有那麼多凡夫俗子？反之，難道可以因為世界上還有未悟之衆生，就說釋迦牟尼必須重作凡夫嗎？因此，知禮斥責智圓「全不得彼彼衆生生佛，彼彼諸佛生佛」❹，亦即一一衆生本各具生、佛，一一諸佛亦本各具諸佛、衆生。生、佛固然是心法之所具、所造，同時它又能具、能造一切衆生、一切諸佛（當然，這是指理具、理造而言）。這也就是知禮所說的「二造雙明，方名全分」❹，在這個問題上所運用的，仍然是天台宗「互具互收」的圓融理論。

　　山家、山外圍繞心、色之爭的還有一個三千三諦關係問題。山外派認為，所謂三千，乃指森羅萬象之色法，是事、有相，屬假諦；空、中二諦則不然，它是無相泯滅的理體，三千非其所屬，這就是山外所說的「大途三千唯假」。山家派則認為，山外此說「約陰識所造為三千妙境，於《止觀》遠矣」（《十義書》上）。實際上，所謂「三千」，非僅指事相、數目，是指十界、十如是、三種世間相成之法數，它不應僅屬於假諦，而應是圓融三諦，不應三千唯假，而應是三千三諦，此其一；其二，所謂「三千」，既指理具三千，也指事造三千。就理具三千言，山家、山外都認為是圓融三諦的，也就是即空、即假、即中。但是就事造三千言，山外派明確主張它不圓融三諦，而僅僅屬於假諦。山家

派則反對是說，認為「但觀內心即空、假、中已，自然見外一
一色心皆空、假、中也」，「只觀理具三千俱空、假、中，故事
用所造自然皆空、假、中」⑩。何以故？「以皆由理具，方有事
用故」，以「心色一如」故。也就是說，心之與色，原本是相即
一如的，不可妄加刈裂；理之與事，也是圓融相即的，不可橫生
隔閡。況且所有事用，皆由理之本具，豈可理具之三千俱空、
假、中，而事造三千便不俱空、假、中。也就是說，三千不僅僅
是假，同時也是空，也是中，三千俱三諦，三諦皆三千。互具互
收，圓融無礙。

　　與三千三諦貌似對立、實則相通的另一個問題是空、中有相
無相問題。山外派認為，空、中二諦屬理，理是平等無差別的，
現象界的千差萬別泯滅於理體之中，因此，空、中二諦無相；山
家派則認為，空、中二諦所泯滅的是現象界的雜染之相，但其法
體仍然存在。也就是說，空、中二諦雖然泯滅了「事別」，但其
中之「理別」還是存在著，因此，空、中二諦並非無相，而是有
相。山家、山外在這個問題上的爭論，與他們在色心、能所、三
千三諦問題上的爭論，思路是一致的，亦即如何看待心色、理
事、三諦的相互關係問題。山外所言，都帶有分隔心色、理事
的二元論傾向；而山家則始終堅持色心一元論的立場；在方法論
上，山外派多少帶有絕對主義或者說是形而上學的傾向（方法論
意義的形而上學非本體論意義的形而上學），而山家的思想則更
富有「互具互收」、性具圓融的特色，或者說更富有辯證的思維。

　　如果要進一步探究二種思想的理論淵源，那麼，山家和山
外二派都在相當程度上源於湛然的學說，二者都常常援引湛然著
述，從湛然的著作中尋找理論根據，不同的是，山家從湛然那

裡所吸取並加以發揮的，往往是湛然承繼智者大師的性具實相理論，而山外派則更多地是受湛然所融會的華嚴宗的思想，例如山外派以心法爲能造，生、佛爲所造的思想，與華嚴澄觀《大方廣佛華嚴經隨疏演義鈔》的「心法能造，生佛所造」的思想就如出一轍；而其以唯心的角度談圓，更與天台宗從性具的角度談圓大相逕庭，而與華嚴宗的從「隨心回轉」角度談圓相接近！

第三節　湛然之融會華嚴思想與知禮之「別理隨緣」批判

　　說山外派深受華嚴宗思想的影響，在「別理隨緣」問題上表現得更加明顯。所謂「別理隨緣」，簡單地說，就是「別教」所說的「眞如隨緣」。對於「別教」是否主張「眞如隨緣」問題，山家、山外存在著不同的看法，並進行了反覆論爭。這場論爭是由知禮對於山外有關「眞如隨緣」思想的批判引起的。

　　由於湛然的學說中融會、吸收了大量華嚴宗思想，這就爲宋代的天台學留下了許多話題。針對山外常常以湛然所融會的華嚴宗「眞如隨緣」的思想置說立論，知禮乃撰《十不二門指要鈔》，詳細論述眞如隨緣與圓教的關係，貶斥華嚴宗的性起思想，指責山外諸師用華嚴宗「眞如隨緣」的思想來破壞天台宗圓教義理，認爲如果單說眞如隨緣，而不說性具三千，這只是別教隔歷之說，還不是圓教；但山外諸師反對是說，如慶昭的弟子繼齊在《指濫》中便說，承認眞如有不變、隨緣二義，正是今家圓教之理，別教不談隨緣。知禮於是作《別理隨緣二十問》，加以反論；此後又有元穎作《徵決》，支持繼齊，又有嘉禾子玄作

《隨緣撲》助之；知禮的弟子淨覺仁岳又作《別理隨緣十門析難書》輔助師說，析破衆難，此場論爭乃告一段落。

知禮提出「別理隨緣」問題，目的是要弘揚天台宗性具學說，擡高天台宗的地位，但是由於把「眞如隨緣」的思想引入天台宗乃始自荊溪湛然，因此弄清楚它，不僅對於了解宋代天台學的具體發展很有必要，而且可以藉此窺見湛然思想對於後來天台學的影響。

考諸隋唐佛敎諸宗派，對於眞如隨緣問題大致有這樣兩種態度：一是主張眞如唯有不變義，無隨緣義，這是唯識宗的看法；二是主張眞如具有不變、隨緣二義，持這種看法的代表性宗派是華嚴宗。唯識宗的基本思想是阿賴耶識緣起論，卽認爲一切諸法都是由阿賴耶識緣起變現的，眞如是無爲法，旣不能熏，也不受熏，因此，眞如只有不變義，無隨緣義。華嚴宗從所依據的佛典說，主要是《華嚴經》和《大乘起信論》。《華嚴經》倡「淨心緣起」，卽倡「如來藏自性淸淨心」緣起生、佛諸法；《大乘起信論》的基本思想是主心有眞如、生滅二門，眞如有不變、隨緣二義。因此，華嚴宗基本思想也就是建立在這兩部經典基礎上的「性起」理論。針對唯識宗的只承認眞如的不變義，而否定眞如的隨緣義，華嚴宗判唯識宗爲「始敎」，而判《大乘起信論》屬終敎。

在天台宗方面，智顗時代由於如來藏緣起與阿賴耶識緣起問題尚沒有引起佛界的關注，因此，智顗對於眞如緣起問題罕於語及；降至荊溪湛然時代，由於《起信論》大行，華嚴宗又盛辦如來藏緣起與阿賴耶識緣起之不同，嚴分「凝然眞如」與「隨緣眞如」的差別，因此荊溪屢屢言及眞如的不變與隨緣。儘管湛然在

這一問題上的基本 觀點與華嚴宗 並不完全相同， 但他的許多說法，諸如「眞如是萬法，由隨緣故；萬法是眞如，由不變故」[47]、「不變隨緣故爲心，隨緣不變故爲性」[48]，很容易與華嚴宗的眞如觀混同起來，終於導致山外一系認爲天台宗的眞如觀與華嚴宗的眞如觀沒有什麼區別。

山外派的一個重要觀點就是認爲華嚴宗所說的眞如隨緣，與天台宗所說的眞如隨緣含義相同，這一點在繼齊的《指濫》和知禮《別理隨緣二十問》的「客難」中都有所反映。繼齊認爲眞如隨緣不變正是今家圓教之理；《二十問》的「客難」亦云：「彼宗『隨緣不變』爲宗，天台宗亦以『隨緣不變』證於三因體遍，乃是圓意何言別耶[49]？」此謂既然二者都主張眞如具有不變、隨緣二義，何故一是圓意，一是別教。正是針對佛界和天台宗內部的這種情況，知禮遂撰《十不二門指要鈔》和《別理隨緣二十問》，詳細論述天台宗之眞如隨緣與華嚴宗眞如隨緣之差別。

宋法登在《議中興教觀》一文中有這樣兩段話，對於我們了解、分析這一問題很有助益，現先摘錄於下：

> 應知四明中興之道，非天竺慈雲孰能知之？彼指要序云：「教門權實今時同昧，於茲判矣。別理隨緣其類也。觀道所托連代共迷者，於茲見矣。指要所以其立也。」大哉天竺之言，斷可信矣。是指要鈔中立「別理隨緣」，乃中興一家圓頓之教；「立陰觀妄」，顯一家境觀之道。只此二說乃中興教觀之義，後人不知其要，委有指陳，謂能傳四明中興之道者遠矣。
>
> 疑曰：以何義故，以「別理隨緣」之説是中興教耶？以山

外一派宗天台者，咸謂賢首之宗大乘終教所說「隨緣」正
同今家圓教隨緣之義，擠招本宗圓頓之談，齊彼終教。況
彼更有頓圓教，則使今宗抗折百家，超過諸說之談，居彼
下矣。四明從而癖之，以彼大乘終教隨緣正同今家別義，
又格彼頓教既不談具，卽義不成，亦是今家別義。方顯今
家所說圓頓談卽談具，超過諸說。四明所謂「只一具字，
彌顯今宗」，乃中興之敎不在茲乎？

這兩段引文雖然長了一些，但它幾乎把「別理隨緣」爭論中所有
重要問題，諸如爭論的起因、爭論的焦點、爭論的意義等等，
都和盤托出，故不厭其長，全文照引。大意是說，山外一派用
華嚴所宗的大乘終教所說的「隨緣」混同於天台圓教所說的「隨
緣」，以我宗圓頓之談等同於華嚴所說的終教；而按照華嚴宗
的判教，終教之後更有頓、圓兩教，這就把天台宗變成居於它
宗之下的一個小宗。四明知禮因而起而辟之，指出終教所說的隨
緣義，實正同於天台宗所判別教所說的隨緣；並且指出頓教不從
性具的角度談「隨緣」，其圓義不成，充其量也只是今家別教的
思想。從而顯示出天台宗從性具的角度談隨緣、談圓，實超出衆
家之說，因此，知禮之立「別理隨緣」，乃中興一家圓頓之敎。
按照慈雲和法登的說法，「別理隨緣」和「眞心、妄心觀」，乃
是山家、山外甚至是天台、華嚴之爭的兩個帶根本性的核心問
題。前者屬「敎」，後者屬「觀」。既然如此，很有必要深入地
看看知禮是如何闡述「別理隨緣」問題。

　　知禮在「別理隨緣」問題的論說雖多，但就其思想要點說，
大體有三：一是別敎之眞如有隨緣義；二是只說隨緣，不談性

具，其義不圓；三是天台宗所說隨緣，是在性具意義上談隨緣，因此，唯有天台教理才是眞圓。

首先，知禮認爲，始教所說的眞如，是「無知無覺，凝然不變，不許隨緣」，與此不同，終教所說的眞如則是有覺有知的，因有覺知，故能迷能悟，可以受熏。能迷悟、可受熏，則是隨緣義。在《別理隨緣二十問》中，知禮說：

> 若云眞如有覺有知，則可受熏，乃說隨緣，……別教眞如無覺知耶？若無覺知，何故得名佛性？
> 唯識宗說：眞如無覺知，故不覺迷；終教變眞如有覺知，故能迷。能迷故能悟，故立隨緣。別理旣有覺知，那不能爾耶？若能者，那不隨緣❺⓿？

從上面兩段話看，知禮主要從有否覺知、能否迷悟、可否受熏的角度談隨緣。實際上，山外派並不反對這一說法，從雙方辯論的有關資料看，對於別教眞如是否有隨緣義問題，好像雙方的分歧並不在對待諸如《起信論》所屬的終教和天台宗所判作別教的華嚴宗的眞如有否隨緣義問題，倒是別教究竟何所指問題，亦卽究竟是指唯識別教，抑或指華嚴別教？山外之談別教，似是指唯識別教，而不是指華嚴別教。因爲他們的一個基本觀點就是認爲終教旣然談隨緣，卽屬圓教，因此他們不會主張山家所指爲別教而爲華嚴宗所依據的《大乘起信論》和《華嚴經》等沒有眞如隨緣的思想。而山家所談之別教，則完全不是指唯識別教，而是指華嚴別教，因爲山家派十分明確地指出唯識宗是反對眞如隨緣的。這樣，第一個問題，亦卽別教眞如是否隨緣問題，與其說是

思想的分歧，不如說是稱謂上的陰錯陽差。

實際上，山家、山外在「別教隨緣」問題上爭論的焦點是在第二個問題上，亦卽山外（或者說華嚴宗）所說的「眞如隨緣」與天台宗所說的「眞如隨緣」之區別。從知禮的有關論述看，這種區別主要有以下幾個方面：

第一，雖然華嚴宗也說「眞如隨緣」，但只是說「眞如心」隨緣、「眞如理」隨緣、「佛智」隨緣、「如來藏自性清淨心」隨緣、「佛法身」隨緣、「眞心」隨緣；但天台宗所說的隨緣則不僅指「眞心」、「佛智」，也指「無明」、「煩惱心」、「陰識心」，從事造的角度說，無明、煩惱則是「能造」，這也就是「無明隨緣」。

第二，知禮認爲天台宗之隨緣與華嚴宗隨緣義的最大區別在於，華嚴宗所說的隨緣是「緣理斷九」，而天台宗是在性具的意義上談隨緣。在這一問題上，知禮有幾段頗具代表性的話，現分別作一些剖析：

> 子云：「別教云不卽，終教說卽爲不同。」蓋子迷名，全不究理。以彼不談性具九界，乃是但理隨緣作九，若斷無明，九界須壞。若九界卽是眞如理者，何須除九？豈非九界定能障理耶？若謂不然，終教還說九界皆是法界，一一遍收否？若說，與彼圓何別？若不說者，安稱「卽」耶？況彼圓旣未談性具三千，雖說一一遍收，所以若比今圓，不成「卽」義，況終教耶❺？

驗他宗明「卽」，「卽」義不成，以彼佛果唯一眞如，須

破九界差別，歸佛界一性故❷。

這兩段話的中心意思是說，終教、別教等雖然也談隨緣，但由於他們所說的隨緣，是把佛界與九界截然分開，以佛界爲能造，九界爲所造，把眞如作爲唯一的隨緣理體，認爲或者只是此理隨緣成九界，或者須斷除九界才能滅盡無明進入佛界，完全沒有眞如遍收九界，本性自具三千的思想，如此的眞如隨緣觀，雖然說盡衆生即佛，佛即衆生，煩惱即菩提，生死即涅槃的話，實際上毫無圓教相即之義。基於這一思想，知禮進一步說：

> 故知若不談體具者，隨緣與不隨緣皆屬別教❸。

> 應知不談理具，單說眞如隨緣，仍是離義。故第一記云：以別教中無性德九故，自他俱斷九也。若三千世間是性德者，九界無所破，即佛法故，即義方成，圓理始具❸。

此謂主張眞如隨緣的，不一定都屬圓教，如果只說隨緣，不談性具，仍是別教，隨緣義通別、圓二教，是否談性具才是區分圓教與別教的眞正標尺。只有把九界視爲佛界所本具，九界也本具眞如性德，成佛時九界無所破，三千諸法皆性德本然，都即是佛法故，這樣即義方成，圓理始具。

第三，山家、山外在眞如隨緣問題上的以上兩點區別，如果從理論上說，又可以歸結爲對於眞如與事相、佛界與九界是一體還是二體問題。從雙方論爭的有關資料看，山外派的思想有眞如超然於事相之外、佛界與九界二體隔絕之嫌；而山家的思想即可一言以蔽之：「當體全是」。知禮在《指要鈔》中說：

他宗明一理隨緣，作差別法，差別是無明之相，淳一是真
如之相；隨緣時則有差別法，不隨緣時則無差別，故知一
性與無明合方有差別，正是合義，非體不二，以除無明無
差別故㉟。

今家明三千之體隨緣起三千之用，不隨緣時三千宛爾。故
差別法與體不二，以除無明有差別故㊱。

此一「他宗」、「今家」之談，把山家、山外乃至天台宗、華嚴
宗的理論分野給概括出來了，一個主張眞如自身是清淨淳一，沒
有差別的，差別法是眞如隨緣後的產物，亦卽眞如與無明「合」
的產物；另一個則認爲三千諸法、一切差別事相，乃是隨緣之體
所本具，不隨緣時，三千宛然。不是一理緣起三千之法，而是三
千之體隨緣起三千之用，並且此體用亦非懸隔殊絕的，而是體用
相收、互具互攝，就其體言，一而非二，一切諸法，當體全是，
不是體外另有諸法。山家派正是以這種諸法一體的思想去批判山
外、華嚴宗乃至《起信論》，認爲他們所談之「卽」，是「二物
相合」之卽，或「背面相翻」之卽，非天台宗所說「當體全是」
之卽，這正如知禮在《指要鈔》所說的：「應知今家明『卽』，
永異諸師，以非『二物相合』，及非『背面相翻』，直須『當體
全是』，方名爲『卽』㊲。」所謂「當體全是」，實際上就是智
者性具圓融和湛然「當體卽實相」思想的具體表述，亦卽眞如實
相本具一切諸法，一切諸法又各各互卽互具，任舉一法則諸法全
收，諸法一體而非二的思想。

　　第四，山家、山外在「眞如隨緣」問題上的思想歧異還表現

在，山外從其隨緣觀推出非情無性的理論；山家則反是，從眞如
的不變、隨緣，得出無情亦有佛性。在《別理隨緣二十問》中，
知禮說：

> 彼終敎不變隨緣，與《金錍》所明不變、隨緣，同耶？異
> 耶？若異，則非今圓；若同，《金錍》明「眞如是萬法，
> 由隨緣故，萬法是眞如，由不變故」，約此二義，立無情
> 有佛性也。終敎雖立隨緣、不變，而云「在有情得名佛
> 性，在無情但名法性，不名佛性」。……旣遵《金錍》，
> 那名圓理㊳？

此謂終敎和圓敎雖同樣說眞如有不變、隨緣二義，但終敎認爲，
眞如隨緣在有情物者，則有佛性，眞如隨緣在無情物者，則無佛
性。知禮認爲，這種看法與湛然的《金剛錍》的思想是相違背
的，因爲湛然正是根據「萬法是眞如，由不變故」的思想立無情
有性的。旣然違背了湛然《金剛錍》的思想，哪得名爲圓理？知
禮的這一段話無疑是以湛然在《金剛錍》中所闡發的「無情有性」
思想爲依據去評判山外乃至於終敎和華嚴別敎的。在《天台敎與
起信論融會章》中，知禮說：

> 藏師雖用圓名，而成別義。何者？彼云：「眞如隨緣作一
> 切法，而眞體性常不變。」却謬引《釋論》云：「無情唯
> 有法性而無佛性」，此則名雖在圓，而義成別㊴。

按照知禮的看法，旣然眞如隨緣作一切法，而眞如體性常不變，

那麼爲什麼又說在有情物則有佛性，在無情物則無佛性呢？這在邏輯上豈不是矛盾嗎？因爲在有情有佛性，在無情無佛性，這就不是不變，而是變了。如果對上面那段話進行邏輯推理，藏師就必然要導致這樣一種兩難境地：要麼他所說的眞如隨緣無不變義，要麼無情也應該有佛性。從知禮對於別敎思想的剖析及山外自身的理論看，山外似較接近於前者，亦即他們所說的「眞如隨緣」有隨緣義，而無不變義。因爲，第一，山外是明確主張無情是無佛性的，慶昭和智圓就屢屢抨擊「一一草木，各一佛性」、「草木瓦石，應有佛性」等說法；第二，雖然知禮沒有明確地從「無不變」義的角度批判別敎，但所謂「不卽」，實際上就是無「性具」義，無「當體全是」義，無「體一而非二」義。說得更明白一些，旣然眞如在有情物有佛性，在無情物無佛性，這明顯地不是「當體全是」，而是由於隨緣而發生了變化。也就是說，隨緣之前與隨緣之後，是「體二而非一」。

縱觀山家、山外在「別理隨緣」問題上的爭論，其理論分野從根本上說就是「一體」與「二體」問題。山外派的各種觀點，歸結起來，都有「二體」之嫌，例如眞如與事相、佛界與九界、有情與無情等等；山家則始終堅持「一體」思想——儘管他們有時稱爲「性具」，有時說成「當體全是」，有時則直接語之爲「體一而非二」。這與他們在色、心問題上各自的思想是一致的。山外的色、心論也有二體之嫌，而山家則始終堅持色、心一元論。

第四節　湛然的「敵對種相卽」與山家、山外的「理毒性惡」之爭

　　山家、山外之爭的另外一個問題是「理毒」與「性惡」的關
係問題。所謂「理毒」，語出智顗的《請觀音經疏》。智顗在該
疏中論及觀音之神咒陀羅尼的用時，曾說過這樣一段話：「用即
爲三：一事，二行，三理。事者，虎狼刀劍等也；行者，五住煩
惱也；理者，法界無礙，無染而染，卽理性之毒也❻。」山外與
山家對此中所言之「理性之毒」的理解很不相同，特別對於「理
毒」與「性惡」關係的看法更是迥然異趣，因之導致了雙方的往
復論難。

　　論爭的第一個問題，是對於「理毒」理解問題。山外派的基
本觀點，是主「理毒」非理性自身之毒，理性自身是無染的、清
淨的，但是清淨的理性能與無明惑染「合」，此具惑的理性全體
卽具毒義，這就是智圓在《請觀音經疏闡義鈔》所說的：「法性
之與無明，卽無染而染，全理性成毒名理毒」❻；山家派則反對
這樣去解釋「理毒」，認爲所謂「理毒」，卽是理性自身之毒，
此毒乃理性所本具。知禮在《對闡義鈔辨用一十九問》中說：

　　　若《闡義鈔》，約事約行二種毒害，爲理性本具？隨緣發
　　　現耶？爲理本無，因迷始有耶？因迷始有，非今圓義；本
　　　具隨緣，能隨之體，非性惡耶❻？

這是說，按照《闡義鈔》的說法，其所說的事毒、行毒是理性本來
具有的？還是理性自身本無，隨緣之後由於無明惑染才生起的？
如果是指理性本無，因迷，因無明惑染才生起的，這顯然不符合
天台宗圓意；如果事、行之毒是理性本具的，這豈不就是「性
惡」嗎？這也就是所謂「理毒性惡」說。

　　對於「理毒性惡」說的反論和論證，則是雙方論爭的第二個
問題。針對知禮的「理毒」即「性惡」說，智圓指出：「理毒」
與「事毒」、「行毒」是不相同的，三者的消伏也根本不同。逢
虎狼刀劍之時，稱頌神咒，這是事的消伏；修一心三觀，破五住
煩惱，這是行的消伏（「逢值虎狼獅子及毒藥刀劍，臨刀刑戮，
稱名持咒而得解脫者，皆約事消伏也」；「修一心三觀，破五住
煩惱，即約行消毒也」）；行的消伏，是約智斷而言，智是智斷，
斷是所斷，斷五住煩惱名為消行毒（「前約行者，是約智斷，斷
是所斷，五住斷處名消行毒」）；「理毒」的消伏則不然，它完
全是約理而言，而理是非能所的，只是由於具惑，所以無染成為
染，正是在這個意義上立「理毒」義。如果能懂得惑的自體就是
法性，染即無染的道理，這就是「理毒」的消伏。智圓認為所謂
「理毒」的消伏純從惑的相對性而言，與智斷無關，因此不能說
「理毒」即是「性惡」，即使說毒義能夠成立，也完全沒有消伏
的意義（「今則不爾，全約諦理，理非能所，但由具惑，即是
無染而染名為毒害，惑即法性，即是無染而染，名為消伏。是
則惑性相對，非關智斷。或謂性惡是理毒者，毒義雖成，消義全
缺。」）；如果沒有消伏的意義，用又何從談起呢？如果無消義
而有用義，這就破壞了「性惡」理論 —— 而「性惡」法門是不可
破的（「若無消義，安稱用耶？若云有者，應破性惡。性惡法門
不可破也。」❻）。對於智圓的「理毒」、「消義全缺」的說法，
知禮搬出了天台宗的性具實相論，特別是湛然的「敵對種」相即
的理論予以批駁。在《釋請觀音疏中消伏三用》中，知禮指出：

　　　前之三教，不談性惡，故此王數，不能即性。……若圓頓

　　教，旣詮性惡，則見思、王數乃卽性之毒。毒旣卽性，故
　　只以此毒爲能消伏。旣以毒爲能消，則當處絕待，誰云能
　　破所破，有何能縛所縛[84]。

此謂藏、通、別三敎因爲不懂得「性惡」論，因此他們所談之見
思、王數與眞如理性是不相卽的；只有圓頓敎才能把見思、王數
視爲卽性之毒，因爲他們懂得「性惡」論，懂得「毒」卽理性本
具的道理。旣然毒卽是性，所以此毒卽是能消；旣然此毒卽是能
消，根據圓頓敎當處絕待的理論，能消亦卽是所消，因爲能與所
本來就是互具相卽的。旣然如此，消伏之義又何所缺呢？

　　知禮的此一能消、所消之談，又招致山外派的詰難。梵天慶
昭的弟子咸潤作《籤疑》，認爲知禮此說是「修性不分」。在咸
潤看來，所謂理消伏，是以性起修。旣以性起修，「體是性善，
如何卻謂性爲惡耶」[85]。他認爲：就所觀無明說，卽是法性之
毒，其功乃在性惡；但就消伏說，無疑是修德之善，其功則應由
性善起，怎麼能說功在性惡呢？咸潤《籤疑》的基本觀點之一，
是認爲無明惑性爲所消，修德三因爲能消，無明惑性以惡爲體，
修德三因以善爲體。這種思想立卽遭到知禮弟子淨覺仁岳的駁
斥。淨覺在《止疑》中一針見血地指出：以惡爲所消，以善爲能
消，這也就是以佛界爲善爲能消，以九界爲惡爲所消，這顯然就
是「緣理斷九」的思想。與此不同，對於圓敎來說：「若見圓
人，創心修觀，旣知性惡具足性善，卽以性惡，起於修善，蓋卽
惑成智也。如此修善，方名圓修，是生觀智。若不爾者，皆屬別
修，終成事善[86]。」也就是說，圓敎之視性善、性惡、修善、修
惡，並不把它們看成是截然刈裂、彼此隔絕的，而認爲應該是彼

此相互具足的，惑之與智，也是相即互具的，如果不是這樣看問題，而認爲「性惡只能起於修惡，性善只能起於修善」，這只是別教的理論，而非天台宗圓意。淨覺這一思想與知禮《對闡義鈔辨用一十九問》的思想是一脈相承的。知禮的《一十九問》中的一個重要思想就是從法界、三德、三障相即互具的角度談「理毒」、「性惡」，他說：

> 然即理之談，難得其意，須以具不具簡，方見即不即殊。何者？若所迷法界，不具三障，染故有於三障，縱説一性隨緣，亦乃感染自性，毒害有作。以反本時，三障須破，即義不成。不成即理性之毒，屬前別教。……若所迷法界本具三障，染故現於三障，此則感染依他，毒害無作，以復本時，染毒宛然，方成即義，是故名爲理性之毒，方屬圓教也。……若不談具，乃名別教。是知由性惡故，方論即理之毒也⑰。

這段話可以說是對「理毒性惡」說及其理論根據的最集中的概括，同時道出了山家、山外在此問題上最根本的理論歧異。也就是說，山外之談「理毒」，是認理性清淨，不具三障，由於無明惑染故有三障，即便說理性隨緣，也皆指由於無明惑染自性，故有事毒、行毒等，如此，這些毒害顯然都是後來才產生的，都是有作；既然毒害是後來才產生的，是有作的，那麼，要反本體性時，就必須破除三障，斷滅無明惑染，如此談即理性之毒，只是別教的理論；如果能夠認識到三障同三德一樣都是法界所本具，隨染緣時則三障現，隨淨緣時則三德彰，三障與三德都不是後來

才產生的，那麼，反本體性時，毒害宛然，這樣的思想才屬於圓教的卽義。此中之關鍵是具與不具，建立在諸法互具互卽基礎上的「理毒」思想，則屬圓教；不懂得諸法互具，空談卽理之毒，充其量只是別教。而基於諸法互具基礎上的「理毒」，實際上就是「性惡」之義；反之，只有從「性惡」的角度去談「理毒」，「理毒」之義才能成立，故云：「理毒」卽「性惡」。

　　縱觀山家、山外在「理毒性惡」問題上的爭論，一個是站在「緣理斷九」的立場，倡法界本淨（或曰「理性本淨」），只是由於無明惑染，才有毒、有不淨；反本成佛時，則須斷除九界，滅盡煩惱，捨妄證眞；另一個則主張無明惑障法界所本具，而且三德之性，則三障之體，一切生佛諸法，都互具互卽，所謂反本成佛，實是證妄卽眞，眞妄原是一體。從爭論的內容說，是「理毒」與「性惡」的關係問題，山外主「理毒」非「性惡」，山家主「理毒」卽是「性惡」，其理論依據之不同在於，一個主張只有「類種」方能相卽，一個則以湛然之「敵對種相卽」的理論爲根據，此誠如知禮在《十義書》中對山外的批判：「只知類種，全不識敵對種也」❽，而隱藏在「類種」和「敵對種」背後的理論基礎，仍然是一體與二體的關係問題，卽無明與法性是一體，抑是二體？山外派的衆多說法都是基於法性之外別有無明、無明與法性合方爲「理毒」、無明與法性是二體這樣一種思想；山家派則反是，主張無明爲法性所本具，非法性外別有無明，無明與法性體一而非二，這無疑是以智顗的性具圓融理論和湛然的「當體卽實相」的思想爲最後之依據。

　　至此，人們可以發現，山家、山外的一系列爭論，可以歸結爲兩個大的方面：一是觀，二是敎。觀卽有眞心、妄心觀之爭。

眞心觀主要源於《華嚴經》和《大乘起信論》等佛敎經典的「淨心緣起」和「眞如緣起」論；妄心觀則主張以當下現實心、陰妄心、具體心爲觀想對象，這是一種在相當程度上被中國化或者說被儒學化的佛敎修行理論。山家派所以能夠在論戰中取勝，除去知禮等人的據理力爭外，這也許也是一個十分重要的因素，此一現象說明佛敎的中國化乃是一個不以人的主觀意志爲轉移的客觀規律。敎則包括「心具色具」、「別理隨緣」、「理毒性惡」等問題。問題雖多，但歸結起來，特別從理論上說，主要是圍繞一體還是二體的爭論。山外派在諸如色心、生佛、無明與法性等問題上處處流露出二體的思想，帶有濃厚的二元論傾向；山家派則始終堅持一元論的立場，始終視色心、生佛、無明與法性爲一體，主張諸法相卽互具。如果從思想淵源上說，山家、山外二派均受到湛然學說的深刻影響，所不同的是，山家派從湛然那裡所吸取的，主要是由智者創立而由湛然進一步弘揚的「當體卽實相」的理論，而山外派則更多地受到湛然所融會、吸收的華嚴宗的「淨心緣起」思想的影響。如果從純理論的角度說，「淨心緣起」說自身很難說明「無明」的生起問題，它內在地蘊涵著「無明」與「法性」、「佛界」與「九界」的二元傾向，山外派在相當程度上正是從這裡走上色心、能所、理事、生佛二體的道路，而山家的「無明無始無終」的「當體卽實相」理論，較有利於他們把「無明與法性不二」、「九界與佛界體一」的思想貫徹到底。

注　釋

❶　湛然在《金剛錍》中說：「以由煩惱心性體遍云佛性遍，故知不識佛性遍者，良由不知煩惱性遍故。唯心之言，豈唯眞心，子尙不知

煩惱心遍，安能了知生死色遍？」

㉒　湛然於《止觀義例》中說：「夫觀心法有事有理。從理唯達法性，更不餘途；從事則專照起心四性叵得。」在《法華玄義釋籤》中也言：「不假附事而爲理觀」（《大正藏》卷四六，頁452。）

㉓　湛然於《止觀大意》中說：「所觀者何？謂陰界入不出色心。色從心造全體是心，故經云：三界無別法，唯是一心作。」「如是觀者，名觀煩惱。」

④　繼忠：《十義書序》。《大正藏》卷四六，頁831。

⑤　《大正藏》卷四六，頁832。

⑥　同上。

⑦　《十義書》卷下。

⑧　《十義書》卷上。

⑨　同上。

⑩　《十義書》卷下。

⑪　《十義書》卷上。

⑫　《十義書》卷下。

⑬　《十義書》卷上。

⑭　同上。

⑮　同上。

⑯　《十義書》卷下。

⑰　《大正藏》卷四六，頁935。

⑱　《天竺別傳》卷下。

⑲　《觀音玄義記》卷二。

⑳　《十義書》卷下。

㉑　《大正藏》卷四六，頁587。

㉒　《大正藏》卷四六，頁626。

㉓　《大正藏》卷四六，頁688。

㉔　《大正藏》卷四六，頁935。

㉕　《十義書》卷下。

㉖　同上。

㉗　《止觀義例》卷上。石峻等編《中國佛教思想資料選編》第二卷，
第一冊。

㉘　《續藏經》第一〇〇冊，頁256。

㉙　《觀無量壽佛經疏妙宗鈔》卷一。

㉚　《十義書》卷上。

㉛　同上。

㉜　同上。

㉝　同上。

㉞　同上。

㉟　同上。

㊱　《觀無量壽佛經疏妙宗鈔》卷一。

㊲　《觀無量壽佛經疏妙宗鈔》卷四。

㊳　《觀無量壽佛經疏妙宗鈔》卷二。

㊴　《十義書》卷上。

㊵　《十義書》卷下。

㊶　同上。

㊷　《十義書》卷上。

㊸　《十義書》卷下。

㊹　同上。

㊺　同上。

㊻　《十義書》卷上。

㊼　《金剛錍》。

㊽　《止觀大意》。

㊾　《四明尊者教行錄》卷三。

㊿　同上。

㉑　《別理隨緣二十問》。

㉒　《十不二門指要鈔》卷上。

㉓　《十不二門指要鈔》卷下。

㉔　同上。

㉕　《大正藏》卷四六，頁715。

㉖　同上。

㉗　《大正藏》卷四六，頁707。

㉘　《四明尊者教行錄》卷三。

㉙　《大正藏》卷四六，頁871。

⑥　《續藏經》第三九冊，頁968。

㉑　《續藏經》第三九冊，頁987。

㉒　《大正藏》卷四六，頁873。

㉓　《續藏經》第三九冊，頁978。

㉔　《大正藏》卷四六，頁872。

㉕　《續藏經》第九五冊，頁423。

㉖　《續藏經》第九五冊，頁424。

㉗　《大正藏》卷四六，頁872。

㉘　《十義書》卷下。《大正藏》卷四六，頁846。

第七章　湛然其學之傳承及影響

　　上一章所言之湛然學說對宋代天台山家、山外二派思想之影響，按內容說，亦屬此章所要討論的範圍，因其涉及面較廣（幾乎涉及到華嚴宗、天台宗乃至唯識宗的一些最基本的教義），且頗具理論深度，篇幅亦大，故獨立成章。

　　自湛然至知禮，其間相隔凡一百七十多年。知禮乃至山外諸師對湛然的學說之倚重和推崇，足見湛然學說影響之深遠；加之，湛然至知禮，其間經歷了武宗之滅佛和五代之戰亂，天台學曾經處於一個最黑暗的時期，也就是說，湛然的思想並非有其後繼者一棒一棒往下傳，而是在經過一百多年的「潛伏」之後才重放異彩，這更見湛然學說之生命力。

　　當然，說湛然沒有後繼者，這只是從相對的意義上立言，據有關史料記載「其受業身通者三十有九人，而縉紳先生高位崇名屈體受教者數十，師嚴道尊，退邇歸仁」❶。可見，受業於湛然，親承其學者，不在少數。

　　在湛然的眾多弟子中，承其學、傳其鉢者，當首推十祖道邃❷。據《佛祖統紀》記載：

　　　　十祖興道尊者道邃，……唐大曆中來依荊溪於佛隴，洞悟幽玄，無所凝滯，荊溪嘉之曰：吾子其能嗣興吾道矣，遂

授以《止觀輔行》。師為眾開說發明深旨，聽者無不領悟
❸。

照此說看來，湛然似是傳法於道邃。

　　道邃之外，普門、元浩、行滿、梁肅等亦可說是湛然之高足
或湛然其學之傳人。據《佛祖統紀》載，這幾個人也頗得湛然之
器重：

　　一者禪師普門，姓何氏，岳陽人，幼勤學問，曾登進士第，
並入仕於朝，因悟世事無常，遂去髮出家，居南岳寺，左右唯儒
釋典籍，過著麻衣葛履之生活，後投荊溪，從湛然學《止觀》、
《法華》，深有造詣，荊溪以道論交，待之如友，後曾為湛然之
《法華玄義釋簽》、《止觀輔行傳弘訣》兩書作序，自稱普門子
❹。

　　二者吳門元浩。元浩主要從湛然學《法華》、《止觀》，據
說很有心得，後宴處山林，居心三昧，曾注《涅槃經》，並於序
中自錄所證，湛然對他頗為讚賞，遂以止觀學傳之。

　　三者禪師行滿。行滿之生卒年不詳，史上對其人其學說法亦
不一，志盤《佛祖統紀》依《宋高僧傳》之「大宋天台山智者禪
院行滿傳」稱「禪師行滿，萬州南浦人，首造石霜學禪法，後住
天台，聽荊溪說止觀頓悟妙旨」❺，近人慧岳所撰之《唐代之天
台教學》一文對此說頗持異議，認為，此行滿乃宋時人，與湛然
所處之上唐相隔很遠，疑有錯訛。他認為，受業於湛然之行滿係
蘇州人，曾至荊溪聽湛然講天台章疏，湛然寂後，遂住持於天台
山佛隴寺，傳持天台教觀。唐貞觀二十年（公元 807 年）日僧
最澄至天台山，行滿曾付《法華疏》、《涅槃經》、《釋簽》、

《止觀》及記等共八十二卷之多；最澄東歸之際，行滿曾賦詩送
行，詩云：「異域鄉音別，觀心法性同。來時求半偈，去罷悟眞
空。貝葉翻經疏，歸程大海東。何當到本國，繼踵大師風**⑥**。」
從有關史料看，湛然之後學中確有行滿其人，且曾傳學於日僧最
澄。至於何說爲是，則有待於作進一步的考證。

　　四者翰林學士梁肅。梁肅雖沒出家，但他「嘗學天台之道於
荆溪，深得心要，執弟子禮甚恭」**⑦**，對於研究、弘揚湛然的學
說，梁肅用力至勤，貢獻亦大，槪而言之，約有數端：

　　一、湛然爲天台九祖說始自梁肅。據湯用彤先生考證，在梁
肅之前，佛界雖多言及湛然曾受學於左溪，但無湛然獨得左溪之
「正統」的說法，而釋皎然之《蘇州支硎山報恩寺大和尚碑》則
說道尊親承左溪**⑧**；李華之《故左溪大師碑》雖言及左溪弟子十
餘人，亦無荆溪獨得「法統」之談；而梁肅於《作天台禪林寺
碑》中則說：

> 頂傳縉雲威，威傳東陽。東陽，晉雲同號，時謂小威。威
> 傳左溪禪師。自縉雲至左溪，以玄珠相付，向晦宴息而
> 已。左溪門人之上首，今湛然禪師，行高識遠，超悟辯
> 達，凡祖師之敎在章句者，必引而信之**⑨**。

又，梁肅於《天台止觀統例》中也說：

> 隋開皇十七年，智者大師去世，至皇朝建中，垂二百載，
> 以斯文相傳，凡五師：其始曰灌頂，其次曰晉雲威，又其
> 次曰東陽小威，又其次曰左溪良朗公，其五曰荆溪然公**⑩**。

自此之後，湛然爲天台九祖始爲定說。

二、梁肅於弘揚湛然止觀學，其功最著。梁肅所撰《天台止觀統例》，甚爲世人推讚，「世謂論其文則雄深雅健，語其理則明白洞達」，御史崔恭稱之「知法要，識權實」。他在《統例》中稱讚湛然對於天台止觀學之建樹，曰：「止觀之學，自灌頂之後幾不傳，天寶中左溪始說，而知者蓋寡，荆溪廣以傳記，數十萬言，網羅遺法，勤矣備矣⓫。」而「荆溪滅後，知其說者適三、四人」。有感於此，他致力於止觀學之研究和弘揚，把智顗二十卷之《摩訶止觀》「整其宏綱，撮其機要」，刪削爲六卷⓬，對於天台宗止觀學之傳揚，厥功不可沒。

三、梁肅擴大了湛然之學在學界士人中之傳播與影響。梁肅作爲在家居士，其學出入於儒釋二教；加之，梁肅身兼朝廷三要職：太子侍讀、史館編修、翰林學士，《統紀》云：「公之官於朝，不爲不達矣，年過四十，士林歸宗，比夫顏子、黃叔度⓭。」可見梁肅在當時朝野士林中之影響，湛然有如此一位身兼朝廷顯要、士林領袖雙重身份之門生，對其學說在士大夫中的傳播無疑是很有助益的。

最後，尤其值得一提的是，湛然之學對日本天台宗之影響。據有關史料記載，唐貞觀二十年，日僧最澄隨日本赴唐使團一起，乘船從難波起航，經過五十四天艱苦航程，終於在浙江寧波登陸。登陸之後，最澄與欲去唐都長安之使團告別，前往天台山國清寺參訪求學，先受業於湛然之高足道邃、行滿⓮，後往越州龍興寺從曉順學密教。在天台山期間，最澄「聽講受誨，晝夜不息，盡寫一宗論疏以歸」。臨回國時，求一言以爲其受法之據，太守陸淳嘉其誠，卽提筆爲其印證，曰：「最澄闍黎，身雖異

域，性實同源，明敏之資，道俗所敬，觀光於上國，復傳敎於名
賢；遂公法師，總萬法於一心，了殊途於三觀，而最澄親承秘
密，不外答蹄，猶慮他方學者，未能信受其說，所請印記，安可
不從❿。」最澄遂携經論二百三十部、四百六十卷渡海東還，其
中多係天台章疏。回國後，最澄以比叡山爲基地，盛弘天台，力
僻他宗，著述甚富，法門極盛，號爲傳敎大師，成爲日本比叡山
佛敎的創始人，而此系佛敎則一直「遙尊道邃師爲始祖」，其所
傳則是湛然所闡發、弘揚之天台敎觀。

　　總之，湛然入滅之後，其學在他的一批高足和門生努力之
下，是得到進一步的傳播和弘揚。但是也應該看到，這批高足或
門生，雖也多屬穎悟超羣之輩，且多「深得心要」，但從整個中
國佛敎史著眼，其中實無能成爲一代宗匠而繼續維持天台中興局
面者在；加之，中唐以降，佛法多難，受整個時代形勢之影響，
天台宗在湛然滅後不久，也就逐漸衰微，至趙宋年間，四明知
禮才重新挑起再次中興天台之重擔，而知禮在二度中興天台過程
中，湛然的學說又在其中起了十分重要的作用。

　　　　*　　　　*　　　　*　　　　*

　　通觀湛然其人其學，就事業論，其最大的功績是中興天台，
就思想說，其最富特色之理論是「無情有性」。作爲一名高僧，
湛然是天台宗乃至中國佛敎史上的一代宗匠，作爲一位思想家，
湛然在中國乃至世界哲學史上都將占有一席之地。如果說，湛然
在中興天台過程中所闡揚的天台敎觀、所發揮之天台圓義，都是
中國佛敎發展史上不可或缺的一環，那麼，他在詮釋、闡發「無
情有性」及「當體即實相」諸學說中所透露出來的精深、宏富和
細密的哲學思辨，則均屬中國古代傳統思想文化的一個重要組成

部分，從這個意義上說，研究湛然，更進一步說，研究中國佛教，乃是發掘、弘揚中國古代傳統思想文化的一項重要工作。

注　　釋

❶　念常《佛祖歷代通載》卷一四。引自《中國佛教史傳叢刊》第一冊，頁 606。另，志盤的《佛祖統紀》亦云：「蓋受業身通者三十九人，縉紳先生高位崇名，屈體承教者，又數十人。」《高僧傳》亦有類似的記載。普門於其《法華玄義釋籤》序中則稱湛然於天台國清寺時，「其從如雲」。

❷　何人為天台十祖，史上說法不一。志盤之《佛祖統紀》依《宋高僧傳》尊道邃為十祖，然晁說之於《明智法師碑論》中則云：「荊溪傳滿（行滿），滿傳修（廣修），修傳外（物外），外傳秀（元秀），秀傳竦（清竦），竦傳寂（義寂），寂傳通（義通），通傳禮（知禮），是為四明。」（載《佛祖統紀》卷五〇）另，誰為湛然之囑累弟子，諸家說法亦不一，近人黃懺華於《中國佛教》中稱：「弟子有道邃、行滿、元浩等三十九人，其中吳門元浩於《法華》、《止觀》之學深有所得，為湛然囑累弟子。」（《中國佛教》第二冊，頁219）。

❸　《佛祖統紀》卷九。引自《中國佛教史傳叢刊》第一冊；頁 190；建康書局1948年版。

❹　《佛祖統紀》卷一〇。引自《中國佛教史傳叢刊》第一冊，頁203；建康書局1948年版。

❺　詳見《佛祖統紀》卷一〇。引自《中國佛教史傳叢刊》第一冊，頁203，建康書局1948年版。

❻　慧岳：《唐代之天台教學》，收錄於臺北大乘文化出版社出版，張曼濤主編之《現代佛教學術叢刊》第五六冊，頁227～228。

❼　《佛祖統紀》卷一〇。引自《中國佛教史傳叢刊》第一冊，頁203；

　　建康書局1948年版。

❽　皎然所撰之碑文曰：「慧文傳南岳，南岳傳天台，……天台……傳章安，章安傳縉雲，縉雲傳東陽，東陽傳左溪。左溪傳自龍樹以還，至天台四祖，事具諫議大夫杜正倫教記。今大師（道尊）則親承左溪。」

❾　詳見湯用彤先生《隋唐佛教史稿》，頁140，中華書局1982年版。

❿　引自石峻等編《中國佛教思想資料選編》第二卷，第一冊，頁260。

⓫　引自《中國佛教史傳叢刊》第一冊，頁608；建康書局1948年版。

⓬　詳見《佛祖歷代通載》卷一四。引自《中國佛教史傳叢刊》第一冊，頁608；建康書局1948年版。

⓭　《佛祖統紀》卷一〇。引自《中國佛教史傳叢刊》第一冊，頁203；建康書局1948年版。

⓮　參見《日本宗教事典》，村上重良編，頁75～76。

⓯　《佛祖統紀》卷八。引自《中國佛教史傳叢刊》第一冊，頁190；建康書局1948年版。

湛 然 年 表

公元 711年（唐睿宗景雲二年）：生於常州晉陵荊溪（今江蘇宜
　　　　興）；義淨譯《法華玄論》五卷。

公元 712年（玄宗先天元年）2歲：法藏圓寂於大薦福寺，年七
　　　　十。

公元 713年（玄宗開元元年）3歲：禪宗創始人慧能圓寂，年七
　　　　十六；大薦福寺沙門義淨圓寂，年七十九；菩提流志
　　　　譯出《大寶積經》一百二十卷。

公元 714年（玄宗開元二年）4歲：玄宗敕令沙汰僞濫僧尼一萬
　　　　二千餘人，令道士、僧尼禮拜父母。

公元 715年（玄宗開元三年）5歲：玄宗詔見僧一行。

公元 716年（玄宗開元四年）6歲：善無畏携經至長安；日僧玄
　　　　昉入唐求法。

公元 717年（玄宗開元五年）7歲：善無畏譯《虛空藏求聞持
　　　　法》。

公元 718年（玄宗開元六年）8歲：智昇撰《續古今譯經圖記》。

公元 719年（玄宗開元七年）9歲：沙門慧日遊天竺十八年後返
　　　　回長安。

公元 720年（玄宗開元八年）10歲：不空、金剛智至洛陽；敕神
　　　　會往南陽、洛陽等地大興禪法，始判南北二宗。

公元 721年（玄宗開元九年）11歲：僧一行撰《大衍歷》五十二卷。

公元 722年（玄宗開元十年）12歲：牛頭智威圓寂，年七十七。

公元 723年（玄宗開元十一年）13歲：金剛智譯《金剛頂經》四卷。

公元 724年（玄宗開元十二年）14歲：善無畏至洛陽，譯出《大日經》七卷。

公元 725年（玄宗開元十三年）15歲：下令禁斷所有三階教之典籍。

公元 726年（玄宗開元十四年）16歲：敕令車政道前往于闐國模寫天王圖，畫於汴州相國寺。

公元 727年（玄宗開元十五年）17歲：湛然於浙東尋師訪道；菩提流志圓寂；僧一行圓寂。

公元 728年（玄宗開元十六年）18歲：新羅僧無相至長安。

公元 729年（玄宗開元十七年）19歲：敕天下僧尼道士三年一造籍。

公元 730年（玄宗開元十八年）20歲：湛然於東陽金華，遇方岩和尚，示以天台教門，並授以《摩訶止觀》等書；是年始從學於左溪玄朗；智升撰《開元釋教錄》。

公元 731年（玄宗開元十九年）21歲：

公元 732年（玄宗開元二十年）22歲：禁止摩尼教；重建天童山寺。

公元 733年（玄宗開元二十一年）23歲：日本僧人榮叡、普照來唐。

公元 734年（玄宗開元二十二年）24歲：慧能弟子神會於滑臺大

雲寺設無遮大會，立南宗宗旨，攻擊北宗；玄宗作
《注金剛經》。

公元 735年（玄宗開元二十三年）25歲：善無畏圓寂，年九十
九。

公元 736年（玄宗開元二十四年）26歲：金剛智至長安；吳道玄
繪地獄變相於景公寺。

公元 737年（玄宗開元二十五年）27歲：

公元 738年（玄宗開元二十六年）28歲：於各州設開元寺。

公元 739年（玄宗開元二十七年）29歲：神秀弟子普寂圓寂；詔
建般若經臺於長安，並修建百座道場。

公元 740年（玄宗開元二十八年）30歲：青原行思圓寂；僧智升
圓寂。

公元 741年（玄宗開元二十九年）31歲：金剛智圓寂；一行撰
《釋氏系錄》。

公元 742年（玄宗天寶元年）32歲：日僧榮叡、普照邀請揚州大
明寺鑒眞和尚東渡。

公元 742-779年（天寶、大曆年間）唐玄宗、肅宗、代宗都多次
下詔徵召湛然，均稱疾固辭。

公元 743年（玄宗天寶二年）33歲：鑒眞東渡未果；唐僧含光赴
印度。

公元 744年（玄宗天寶三年）34歲：南岳懷讓圓寂；鑒眞第三、
四次東渡日本均未果。

公元 745年（玄宗天寶四年）35歲：荷澤神會撰《顯宗記》；波
斯寺改稱大秦寺。

公元 746年（玄宗天寶五年）36歲：不空於印度求得密藏經論返

長安，住淨影寺。

公元 **747**年（玄宗天寶六年）37歲：詔令祠部給付度牒，此乃中
國佛教度牒制之始。

公元 **748**年（玄宗天寶七年）38歲：湛然於宜興淨樂寺出家；鑒
真第五次東渡日本未果。

公元 **749**年（玄宗天寶八年）39歲：百丈懷海生；不空自長安抵
韶州。

公元 **750**年（玄宗天寶九年）40歲：罽賓國大首領薩波達幹與三
藏舍利越魔同來長安。

公元 **751**年（玄宗天寶十年）41歲：悟空（車奉朝）隨唐使韜光
等人前往西域。

公元 **752**年（玄宗天寶十一年）42歲：

公元 **753**年（玄宗天寶十二年）43歲：鑒真第六次東渡抵日本；
不空譯《金剛頂經》三卷。

公元 **754**年（玄宗天寶十三年）44歲：湛然師父左溪玄朗圓寂，
湛然盛弘天台學於東南各地。

公元 **755**年（玄宗天寶十四年）45歲：爆發「安史之亂」。

公元 **756**年（唐肅宗至德元年）46歲：不空返長安；鬻度牒作香
水錢。

公元 **757**年（肅宗至德二年）47歲：詔迎鳳翔法門寺佛骨入禁
中，立內道場；敕五岳各建寺。

公元 **758**年（肅宗乾元元年）48歲：敕不空入內，爲肅宗灌頂。

公元 **759**年（肅宗乾元二年）49歲：不空譯《宿曜經》二卷。

公元 **760**年（肅宗上元元年）50歲：荷澤神會圓寂；宮中迎請慧
能之衣鉢供養。

公元 **761年**（肅宗上元二年）51歲：於三殿設道場；慧忠住長安千福寺。

公元 **762年**（代宗寶應元年）52歲：詔寺觀不得非時聚會。

公元 **763年**（代宗廣德元年）53歲：鑒眞於日本圓寂，年七十七；代宗設內道場。

公元 **764年**（代宗廣德二年）54歲：南岳大明寺建立，希遷盛闡禪風。

公元 **765年**（代宗永泰元年）55歲：不空譯出《仁王經》二卷；授不空特進鴻臚卿，號大廣智三藏。

公元 **766年**（代宗大曆元年）56歲：五台山金剛寺建立；於宮中內道場造盂蘭會。

公元 **767年**（代宗大曆二年）57歲：長安章敬寺建立。

公元 **768年**（代宗大曆三年）58歲：舉行盂蘭盆會，後定爲年例；長安大興善寺建灌頂道場；佛道二教論爭優劣。

公元 **769年**（代宗大曆四年）59歲：慧忠禪師圓寂；不空譯《大虛空藏菩薩所問經》八卷。

公元 **770年**（代宗大曆五年）60歲：法照入五台山。

公元 **771年**（代宗大曆六年）61歲：於京城設立臨壇大德各十人，以爲常式，有缺卽補，此乃官補德號之始；不空呈自開元以來所譯經七十七部一百零一卷、目錄一卷。

公元 **772年**（代宗大曆七年）62歲：全國寺院建造大聖文殊師利菩薩院，安置文殊菩薩像。

公元 **773年**（代宗大曆八年）63歲：改試度僧制之考試爲經律論三科策試制。

公元 **774**年（代宗大曆九年）64歲： 封不空爲肅國公， 食邑三千，六月不空圓寂，年八十，建塔及碑於長安大興善寺。

公元 **775**年（代宗大曆十年）65歲：武當山沙門慧忠圓寂，謚號大證禪師。

公元 **776**年（代宗大曆十一年）66歲：澄觀遊學五台山，後住大華嚴寺。

公元 **777**年（代宗大曆十二年）67歲： 潤州招隱寺沙門朗然圓寂，年五十四。

公元 **778**年（代宗大曆十三年）68歲：敕律部南山、相部、東塔三宗大德各十四人於安國寺律院評定四分新舊兩疏；僧辨才圓寂，年五十六。

公元 **779**年（代宗大曆十四年）69歲：代宗卒，德宗卽位；廢止內外功德使，自此僧尼悉屬祀部。

公元 **780**年（德宗建中元年）70歲：如淨等人撰《敕僉定四分律疏》十卷，十二月進呈此書。

公元 **781**年（德宗建中二年）71歲：唐施行兩稅法；建《景敎流行中國碑》於大秦寺。

公元 **782**年（德宗建中三年）72歲：二月五日示寂於天台國清寺佛隴道場。

參 考 書 目

一、湛然著述：

1. 《法華玄義釋籤》，二十卷；《大正藏》卷三三。
2. 《法華文句記》，三十卷；《大正藏》卷三三。
3. 《法華三昧行事運想補助儀》，一卷；《大正藏》卷四六。
4. 《法華經大意》，一卷；《續藏經》第一編，第四三套，第二冊。
5. 《法華五百問論》，三卷；《續藏經》第二編，第五套，第四冊。
6. 《法華三大部科文》，十六卷；《續藏經》第一編，第四三套，第二冊至第四冊。
7. 《止觀輔行傳弘訣》，四十卷；《大正藏》卷四六。
8. 《止觀義例》，二卷；《大正藏》卷四六。
9. 《止觀大意》，一卷；《大正藏》卷四六。
10. 《止觀輔行搜要記》，十卷；《續藏經》第二編，第四套，第二冊至第三冊。
11. 《觀心誦經法記》，一卷；《續藏經》第二編，第四套，第一冊。
12. 《金剛錍》，一卷；據石峻等編《中國佛教思想資料選編》，

第二卷，第一冊。

13. 《十不二門》，一卷；據石峻等編《中國佛教思想資料選編》，第二卷，第一冊。

14. 《維摩經略疏》，十卷；《大正藏》卷三八。

15. 《維摩經疏記》，三卷；《續藏經》第一編，第二八套，第四冊至第五冊。

16. 《大般涅槃經再治疏》，三十三卷；《大正藏》卷三三。

17. 《大方廣佛華嚴經願行觀門骨目》，二卷；《大正藏》卷三六。

18. 《授菩薩戒儀》，一卷；《續藏經》第二編，第一〇套，第一冊。

二、印度佛教典籍：

1. 《佛說法華三昧經》，智嚴譯；《大正藏》卷九。

2. 《摩訶般若波羅蜜經》，鳩摩羅什譯；《大正藏》卷八。

3. 《金剛般若波羅蜜經》，鳩摩羅什譯；《大正藏》卷八。

4. 《妙法蓮華經》，鳩摩羅什譯；《大正藏》卷九。

5. 《成唯識論》，玄奘譯；《大正藏》卷三一。

6. 《攝大乘論》，眞諦譯；《大正藏》卷三一。

7. 《顯揚聖敎論》，玄奘譯；《大正藏》卷三一。

8. 《大乘莊嚴經論》，波羅頗蜜多羅譯；《大正藏》卷三一。

9. 《佛性論》，眞諦譯；《大正藏》卷三一。

10. 《大乘起信論》，眞諦譯；《大正藏》卷三一。

11. 《佛地經論》，玄奘譯；《大正藏》卷二六。

12. 《四十二章經》，迦葉摩騰共法蘭譯；《大正藏》卷一七。

13. 《解深密經》，玄奘譯；《大正藏》卷一六。

14. 《維摩詰所說經》，鳩摩羅什譯；《大正藏》卷一四。

15. 《大般涅槃經》，曇無讖譯；《大正藏》卷一二。

16. 《十住經》，鳩摩羅什譯；《大正藏》卷一〇。

17. 《佛說不增不減經》，菩提流支譯；《大正藏》卷一六。

18. 《中論》，鳩摩羅什譯；《大正藏》卷三〇。

19. 《十二門論》，鳩摩羅什譯；《大正藏》卷三〇。

20. 《百論》，鳩摩羅什譯；《大正藏》卷三〇。

21. 《四諦論》，眞諦譯；《大正藏》卷三二。

22. 《大方廣佛華嚴經》，佛馱跋陀羅譯；《大正藏》卷九。

23. 《勝鬘師子吼一乘大方便方廣經》，施護譯；《大正藏》卷一二。

24. 《坐禪三昧經》，鳩摩羅什譯；《大正藏》卷一五。

25. 《大乘入楞伽經》，實叉難陀譯；《大正藏》卷一六。

26. 《大方等如來藏經》，佛陀跋陀羅譯；《大正藏》卷一六。

27. 《菩薩地持經》，曇無讖譯；《大正藏》卷三〇。

28. 《菩薩善戒經》，求那跋摩譯；《大正藏》卷三〇。

29. 《究竟一乘寶性論》，勒那摩提譯；《大正藏》卷三一。

30. 《瑜伽師地論》，玄奘譯；《大正藏》卷三十。

三、中國古代佛教典籍：

1. 智顗：《妙法蓮華經玄義》；《大正藏》卷三三。

2. 智顗：《摩訶止觀》；《大正藏》卷四六。

3. 智顗：《觀音玄義》；《大正藏》卷三四。

4. 智顗：《修習止觀坐禪法要》；《大正藏》卷四六。

5. 吉藏：《法華玄論》；《大正藏》卷三四。

6. 吉藏：《法華游竟》；《大正藏》卷三四。

7. 吉藏：《三論玄義》；《大正藏》卷四五。

8. 窺基：《妙法蓮華經玄贊》；《大正藏》卷三四。

9. 窺基：《成唯識論述記》；《大正藏》卷四三。

10. 澄觀：《華嚴法界玄鏡》；《大正藏》卷四五。

11. 法藏：《華嚴一乘教義分齊章》；《大正藏》卷四五。

12. 杜順：《華嚴五教止觀》；《大正藏》卷四五。

13. 法藏：《大乘起信論義記》；《大正藏》卷四四。

14. 灌頂：《天台八教大意》；《大正藏》卷四六。

15. 宗曉：《四明尊者教行錄》；《大正藏》卷四六。

16. 知禮：《十義書》；《大正藏》卷四六。

17. 竺道生：《妙法蓮華經疏》；據石峻等編《中國佛教思想資料選編》第一卷。

18. 澄觀：《大華嚴經略策》；據石峻等編《中國佛教思想資料選編》第二卷，第二冊。

19 智圓：《請觀音經疏闡義鈔》；《大正藏》卷三九。

20. 知禮：《十不二門指要鈔》；《大正藏》卷四六。

21. 懷則：《天台傳佛心印記》；《大正藏》卷四六。

22. 智旭：《教觀綱宗》；《大正藏》卷四六。

23. 道宣：《續高僧傳》；《大正藏》卷五〇。

24. 贊寧：《宋高僧傳》；中華書局1987年版。

25. 志盤：《佛祖統紀》；《中國佛教史傳叢刊》，建康書局

1948年版，第一冊。

26. 念常：《佛祖歷代通載》；同上。

27. 灌頂：《國淸百錄》；《大正藏》卷四六。

四、當代著述：

1. 蔣維喬：《中國佛敎史》，上海書店1989年版。

2. 呂澂：《印度佛學源流略講》，上海人民出版社，1979 年版。

3. 呂澂：《中國佛學源流略講》，中華書局1979年版。

4. 湯用彤：《漢魏兩晉南北朝佛敎史》，中華書局1983年版。

5. 湯用彤：《隋唐佛敎史稿》，中華書局1982年版。

6. 任繼愈：《漢唐佛敎思想論集》，上海人民出版社 1981 年版。

7. 任繼愈主編：《中國佛敎史》（一至三卷），中國社會科學出版社出版。

8. 牟宗三：《天台宗之衰微與中興》。收錄於臺北大乘文化出版社出版，張曼濤主編之《現代佛敎學術叢刊》第五六冊。

9. 牟宗三：《天台宗之判敎》。收錄於臺北大乘文化出版社出版，張曼濤主編之《現代佛敎學術叢刊》第五六冊。

10. 慧岳：《唐代天台敎學》。收錄於臺北大乘文化出版社出版，張曼濤主編之《現代佛敎學術叢刊》第五六冊。

11. 演培：《智顗以後的天台敎學》。收錄於臺北大乘文化出版社出版，張曼濤主編之《現代佛敎學術叢刊》第五六冊。

12. 傅偉勳：《從西方哲學到禪佛敎》，東大圖書公司 1983 年版。

13. 傅偉勳：《從創造的詮釋學到大乘佛學》，東大圖書公司1990年版。

14. 丁福保：《佛學大辭典》，文物出版社1984年版。

15. 常盤大定：《仏性の研究》，日本丙午出版社昭和5年版。

16. 李世杰：《宋代天台教理史》。收錄於臺北大乘文化出版社出版，張曼濤主編之《現代佛教學術叢刊》第五六冊。

17. 《中國佛教》（一），中國佛教協會編，知識出版社1982年版。

18. 黃懺華：《天台宗大意》。收錄於臺北大乘文化出版社出版，張曼濤主編之《現代佛教學術叢刊》第五五冊。

19. 無言：《天台宗概論》。收錄於臺北大乘文化出版社出版，張曼濤主編之《現代佛教學術叢刊》第五五冊。

20. 郭朋：《隋唐佛教》，齊魯書社1980年版。

21. 郭朋：《宋元佛教》，福建人民出版社1981年版。

22. 賴永海：《中國佛性論》，上海人民出版社1988年版。

23. 賴永海：《佛道詩禪》，中國青年出版社1990年版。

24. 楊惠南：《吉藏》，東大圖書公司1989年版。

25. 韓廷杰：《三論玄義校釋》，中華書局1987年版。

26. 淨心：《天台山家、山外論爭研究》。收錄於彌勒出版社出版，藍吉富主編之《現代佛學大系》第三二冊。

27. 王志遠：《宋初天台佛學窺豹》，中國建設出版社1989年版。

28. 平川彰等著：《講座‧大乘仏教‧如來藏思想》，日本春秋社版。

29. 村上重良：《日本宗教事典》，日本講談社昭和53年版。

30. 高雄義堅：《宋代仏教史の研究》，日本百華苑昭和50年版。

索　引

一　畫

二　畫

三　畫

四　畫

五　畫

六　畫

七　　畫

八　　畫

九　畫

十　畫

十 一 畫

十 二 畫

十　三　畫

十 四 畫

十 五 畫

二 十 畫

二十一畫

二十二畫

二十三畫

二十五畫

書　　　名	作　　者	出版狀況
諾　　錫　克	石　元　康	撰　稿　中
羅　　　　蒂	范　　　進	撰　稿　中
馬　克　弗　森	許　國　賢	排　印　中
希　　　　克	劉　若　韶	撰　稿　中
尼　　布　爾	卓　新　平	已　出　版
馬　丁・布　伯	張　賢　勇	撰　稿　中
蒂　　里　希	何　光　滬	撰　稿　中
德　　日　進	陳　澤　民	撰　稿　中
朋　謔　斐　爾	卓　新　平	撰　稿　中

世界哲學家叢書(七)

書　　　　　　名	作　　　者	出 版 狀 況
克　　羅　　齊	劉　綱　紀	撰　稿　中
布　拉　德　雷	張　家　龍	撰　稿　中
懷　　德　　黑	陳　奎　德	撰　稿　中
玻　　　　爾	戈　　革	已　出　版
卡　　納　　普	林　正　弘	撰　稿　中
卡　爾　巴　柏	莊　文　瑞	撰　稿　中
柯　　靈　　烏	陳　明　福	撰　稿　中
穆　　　　爾	楊　樹　同	撰　稿　中
弗　　雷　　格	趙　汀　陽	撰　稿　中
維　根　斯　坦	范　光　棣	撰　稿　中
愛　　耶　　爾	張　家　龍	撰　稿　中
賴　　　　爾	劉　建　榮	撰　稿　中
奧　　斯　　丁	劉　福　增	已　出　版
史　　陶　　生	謝　仲　明	撰　稿　中
赫　　　　爾	馮　耀　明	撰　稿　中
帕　爾　費　特	戴　　華	撰　稿　中
魯　　一　　士	黃　秀　璣	排　印　中
珀　　爾　　斯	朱　建　民	撰　稿　中
詹　　姆　　斯	朱　建　民	撰　稿　中
杜　　　　威	李　常　井	撰　稿　中
奎　　　　英	成　中　英	撰　稿　中
帕　　特　　南	張　尚　水	撰　稿　中
庫　　　　恩	吳　以　義	撰　稿　中
拉　卡　托　斯	胡　新　和	撰　稿　中
洛　　爾　　斯	石　元　康	已　出　版

世界哲學家叢書 (六)

書　　　　名	作　　者	出版狀況
史　賓　格　勒	商　戈　令	已　出　版
布　倫　坦　諾	李　　　河	撰　稿　中
韋　　　　伯	陳　忠　信	撰　稿　中
卡　　西　　勒	江　日　新	撰　稿　中
雅　　斯　　培	黄　　　藿	已　出　版
胡　　塞　　爾	蔡　美　麗	已　出　版
馬克斯・謝勒	江　日　新	已　出　版
海　　德　　格	項　退　結	已　出　版
高　　達　　美	張　思　明	撰　稿　中
漢　娜　鄂　蘭	蔡　英　文	撰　稿　中
盧　　卡　　契	謝　勝　義	撰　稿　中
阿　多　爾　諾	章　國　鋒	撰　稿　中
馬　爾　庫　斯	鄭　　　湧	撰　稿　中
弗　　洛　　姆	姚　介　厚	撰　稿　中
哈　伯　馬　斯	李　英　明	已　出　版
柏　　格　　森	尚　建　新	撰　稿　中
皮　　亞　　杰	杜　麗　燕	撰　稿　中
馬　　利　　丹	楊　世　雄	撰　稿　中
馬　　賽　　爾	陸　達　誠	已　出　版
梅　露・彭　廸	岑　溢　成	撰　稿　中
阿　爾　都　塞	徐　崇　溫	撰　稿　中
列　　維　　納	葉　秀　山	撰　稿　中
德　　希　　達	張　正　平	撰　稿　中
呂　　格　　爾	沈　清　松	撰　稿　中
富　　　　科	于　奇　智	撰　稿　中

世界哲學家叢書 (五)

書　　　　　　名	作　　者	出 版 狀 況
蒙　　　　　　田	郭　宏　安	撰　稿　中
斯　賓　諾　莎	洪　漢　鼎	已　出　版
萊　布　尼　玆	陳　修　齋	撰　稿　中
培　　　　　　根	余　麗　嫦	撰　稿　中
霍　　布　　斯	余　麗　嫦	撰　稿　中
洛　　　　　　克	謝　啓　武	撰　稿　中
巴　　克　　萊	蔡　信　安	已　出　版
休　　　　　　謨	李　瑞　全	排　印　中
托　馬　斯・鋭　德	倪　培　林	撰　稿　中
伏　　爾　　泰	李　鳳　鳴	撰　稿　中
孟　德　斯　鳩	侯　鴻　勳	排　印　中
盧　　　　　　梭	江　金　太	撰　稿　中
帕　　斯　　卡	吳　國　盛	撰　稿　中
康　　　　　　德	關　子　尹	撰　稿　中
費　　希　　特	洪　漢　鼎	撰　稿　中
黑　格　爾	徐　文　瑞	撰　稿　中
叔　　本　　華	劉　　東	撰　稿　中
尼　　　　　　采	胡　其　鼎	撰　稿　中
祁　　克　　果	陳　俊　輝	已　出　版
彭　　加　　勒	李　醒　民	撰　稿　中
費　爾　巴　哈	周　文　彬	撰　稿　中
恩　　格　　斯	金　隆　德	撰　稿　中
馬　　克　　斯	洪　鎌　德	撰　稿　中
約　翰　彌　爾	張　明　貴	已　出　版
狄　　爾　　泰	張　旺　山	已　出　版

世界哲學家叢書 (四)

書　　　　　名	作　　者	出　版　狀　況
伊　藤　仁　齋	田　原　剛	撰　稿　中
山　鹿　素　行	劉　梅　琴	已　出　版
山　崎　闇　齋	岡　田　武　彥	已　出　版
三　宅　尚　齋	海老田輝已	排　印　中
中　江　藤　樹	木　村　光　德	撰　稿　中
貝　原　益　軒	岡　田　武　彥	已　出　版
荻　生　徂　徠	劉　梅　琴	撰　稿　中
安　藤　昌　益	王　守　華	撰　稿　中
富　永　仲　基	陶　德　民	撰　稿　中
石　田　梅　岩	李　甦　平	撰　稿　中
楠　本　端　山	岡　田　武　彥	已　出　版
吉　田　松　陰	山　口　宗　之	已　出　版
福　澤　諭　吉	卞　崇　道	撰　稿　中
岡　倉　天　心	魏　常　海	撰　稿　中
中　江　兆　民	畢　小　輝	撰　稿　中
西　田　幾　多　郎	廖　仁　義	撰　稿　中
和　辻　哲　郎	王　中　田	撰　稿　中
三　　木　　清	卞　崇　道	撰　稿　中
柳　田　謙　十　郎	趙　乃　章	撰　稿　中
柏　　拉　　圖	傅　佩　榮	撰　稿　中
亞　里　斯　多　德	曾　仰　如	已　出　版
聖　奧　古　斯　丁	黃　維　潤	撰　稿　中
伊本・赫勒敦	馬　小　鶴	排　印　中
聖　多　瑪　斯	黃　美　貞	撰　稿　中
笛　　卡　　兒	孫　振　青	已　出　版

世界哲學家叢書(三)

書　　　名	作　　者	出版狀況
智　　　　旭	熊　　琬	撰　稿　中
章　太　炎	姜　義　華	已　出　版
熊　十　力	景　海　峰	已　出　版
梁　漱　溟	王　宗　昱	已　出　版
金　岳　霖	胡　　軍	已　出　版
張　東　蓀	胡　偉　希	撰　稿　中
馮　友　蘭	殷　　鼎	已　出　版
唐　君　毅	劉　國　強	撰　稿　中
賀　　　麟	張　學　智	已　出　版
龍　　　樹	萬　金　川	撰　稿　中
無　　　著	林　鎮　國	撰　稿　中
世　　　親	釋　依　昱	撰　稿　中
商　羯　羅	黃　心　川	撰　稿　中
維　韋　卡　南　達	馬　小　鶴	撰　稿　中
泰　戈　爾	宮　　靜	已　出　版
奧羅賓多·高士	朱　明　忠	撰　稿　中
甘　　　地	馬　小　鶴	排　印　中
拉達克里希南	靜	撰　稿　中
元　　　曉	李　箕　永	撰　稿　中
休　　　靜	金　煐　泰	撰　稿　中
知　　　訥	韓　基　斗	撰　稿　中
李　栗　谷	宋　錫　球	排　印　中
李　退　溪	尹　絲　淳	撰　稿　中
空　　　海	魏　常　海	撰　稿　中
道　　　元	傅　偉　勳	撰　稿　中

世界哲學家叢書（二）

書　　　名	作　　者	出　版　狀　況
朱　　舜　　水	李　甦　平	排　印　中
王　　船　　山	張　立　文	撰　稿　中
眞　　德　　秀	朱　榮　貴	撰　稿　中
劉　　蕺　　山	張　永　儁	撰　稿　中
黃　　宗　　羲	盧　建　榮	撰　稿　中
顧　　炎　　武	葛　榮　晉	撰　稿　中
顏　　　　元	楊　慧　傑	撰　稿　中
戴　　　　震	張　立　文	已　出　版
竺　　道　　生	陳　沛　然	已　出　版
眞　　　　諦	孫　富　支	撰　稿　中
慧　　　　遠	區　結　成	已　出　版
僧　　　　肇	李　潤　生	已　出　版
智　　　　顗	霍　韜　晦	撰　稿　中
吉　　　　藏	楊　惠　南	已　出　版
玄　　　　奘	馬　少　雄	撰　稿　中
法　　　　藏	方　立　天	已　出　版
惠　　　　能	楊　惠　南	排　印　中
澄　　　　觀	方　立　天	撰　稿　中
宗　　　　密	冉　雲　華	已　出　版
永　明　延　壽	冉　雲　華	撰　稿　中
湛　　　　然	賴　永　海	已　出　版
知　　　　禮	釋　慧　嶽	已　出　版
大　慧　宗　杲	林　義　正	撰　稿　中
袾　　　　宏	于　君　方	撰　稿　中
憨　山　德　清	江　燦　騰	撰　稿　中

世界哲學家叢書 (一)

書　　　　　名	作　　者	出 版 狀 況
孟　　　　　子	黃　俊　傑	已　出　版
老　　　　　子	劉　笑　敢	撰　稿　中
莊　　　　　子	吳　光　明	已　出　版
墨　　　　　子	王　讚　源	撰　稿　中
淮　　南　　子	李　　　增	已　出　版
賈　　　　　誼	沈　秋　雄	撰　稿　中
董　　仲　　舒	韋　政　通	已　出　版
揚　　　　　雄	陳　福　濱	排　印　中
王　　　　　充	林　麗　雪	已　出　版
王　　　　　弼	林　麗　真	已　出　版
嵇　　　　　康	莊　萬　壽	撰　稿　中
劉　　　　　勰	劉　綱　紀	已　出　版
周　　敦　　頤	陳　郁　夫	已　出　版
邵　　　　　雍	趙　玲　玲	撰　稿　中
張　　　　　載	黃　秀　璣	已　出　版
李　　　　　覯	謝　善　元	已　出　版
王　　安　　石	王　明　蓀	撰　稿　中
程顥、程　頤	李　日　章	已　出　版
朱　　　　　熹	陳　榮　捷	已　出　版
陸　　象　　山	曾　春　海	已　出　版
陳　　白　　沙	姜　允　明	撰　稿　中
王　　廷　　相	葛　榮　晉	已　出　版
王　　陽　　明	秦　家　懿	已　出　版
李　　卓　　吾	劉　季　倫	撰　稿　中
方　　以　　智	劉　君　燦	已　出　版